U0640619

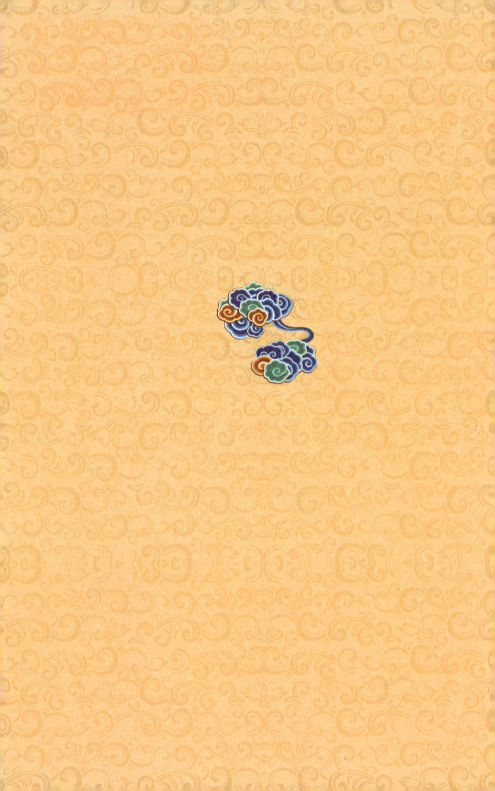

品读国学
传承文化

中华成语典故

本册主编◎刘小燕
丛书主编◎张海君

延边大学出版社

· 延吉 ·

图书在版编目（CIP）数据

中华成语典故 / 刘小燕主编 . -- 延吉 : 延边大学
出版社 , 2017.7（2024.1 重印）
（小小国学馆 / 张海君主编）
ISBN 978-7-5688-2926-7

Ⅰ . ①中… Ⅱ . ①刘… Ⅲ . ①汉语－成语－典故－少
儿读物 Ⅳ . ① H136.3-49

中国版本图书馆 CIP 数据核字 (2017) 第 149420 号

中华成语典故

主　　　编：刘小燕
责 任 编 辑：孙淑芹
封 面 设 计：映像视觉
出 版 发 行：延边大学出版社
社　　　址：吉林省延吉市公园路 977 号　　邮编：133002
网　　　址：http://www.ydcbs.com　　E-mail：ydcbs@ydcbs.com
电　　　话：0433-2732435　　　　传真：0433-2732434
发行部电话：0433-2732442　　　　传真：0433-2733056
印　　　刷：天津市天玺印务有限公司
开　　　本：640×920 毫米　　　1/16
印　　　张：9　　　　　　　　字数：90 千字
版　　　次：2017 年 7 月第 1 版　　2024 年 1 月第 5 次印刷
ISBN 978-7-5688-2926-7

定价：38.00 元

前 言
Preface

　　中国自古以来便十分重视儿童教育，儿童教育可以让孩子的智力得到开发，提高孩子的修养，有助于孩子健康成长。中华民族拥有长达五千年的悠久历史，在漫长的历史长河中，形成了独一无二的中华传统文化，其中蕴含的精神能量和文化意义是每一个中国人血液中不可缺少的一部分。中国传统文化是历朝历代文化的累积和传承，是孩子们学习文化不可多得的瑰宝。中华民族的传统文化是民族发展的动力，同时也是教育下一代的重要核心内容。学习传统文化知识，有助于培养拥有社会主义核心价值观的下一代。研读中国传统文学经典，可以让孩子做一个有文化底蕴、有文学修养的中国人。

　　虽然中国古代的启蒙教材类型繁多，但总体而言都有一个鲜明的特点，那就是读起来朗朗上口，而且内容通俗易懂，很容易背诵。教育部在2014年年底颁布了《关于再次印发〈完善中华优秀传统文化教育指导纲要〉的通知》（以下简称《纲要》）。在《纲要》中明确指出，中华传统教育要以培育和践行社会主义核心价值观为基础，以弘扬爱国主义精神为核心，培养儿童勤劳勇敢、热爱和平、自强自立的精神。

为了弘扬中华传统文化，培养优秀的下一代，我们根据《纲要》的内容，并综合现代儿童的教学特点，精心编写了这套《小小国学馆》丛书。在书中，我们精选了传统文学作品中的经典之作。为了能够让每一个小读者都可以读懂书中的内容，编者还细心地为每一段原文增加了注音、注解以及译文，并精心设计了有趣的课后习题，以加深小读者的阅读印象。为了进一步让小读者理解原文中的意义，编者还在文中加入了大量生动有趣的图画和故事，力求让小读者在阅读的过程中享受读书的乐趣，对国学知识产生浓厚的兴趣，从而深刻地感受到中华民族传统文化的魅力。

希望小读者们可以通过阅读《小小国学馆》增长国学知识，受到中国传统文化的熏陶，得到人生的启迪。

丛书编委会

目 录
Contents

sān gù máo lú
三顾茅庐

引言： 汉末时期，天下大乱，出现了三国鼎立的局面。刘备听说诸葛亮很有学识，就和关羽、张飞一起到南阳请诸葛亮辅佐自己，也就有了三顾茅庐的故事。

注解

1. 顾：拜访。

2. 茅庐：草屋。

3. 三顾茅庐：原为汉末时期，刘备曾三次拜访诸葛亮的故事。比喻真心实意地一再邀请、拜访有贤能的人。

出处

三国蜀书·诸葛亮的《出师表》："先帝不以臣卑鄙，猥自枉屈，三顾臣于草庐之中。"

A. 练一练

一、给下面的字选择正确的读音。

顾（gū　gù）　茅（mái　máo）　庐（lú　lǔ）

二、认字形。

1. "茅"的偏旁是（　　　），它是（　　　）结构。

2. "庐"的偏旁是（　　　），它是（　　　）结构。

B. 延伸阅读

三顾茅庐

东汉末期，天下纷争不断。各路英雄趁乱举旗起义，他们都想统一天下，名垂青史。

曹操挟天子以令诸侯，独断专行。刘备由徐庶辅佐，与曹操交战了几次，每次都大败曹操的军队。

为了除掉刘备身边的徐庶，曹操悄悄派人把徐庶的母亲接到军营里，扣为人质，想用这个方法逼迫徐庶归顺。

得知母亲被曹操扣押后，徐庶焦急万分，不得不辞别刘备，赶赴曹操营中搭救母亲。他临走之前，向刘备推荐了诸葛亮。刘备问徐庶："如果拿诸葛先生和您相比较，他的才能如何呢？"

徐庶连忙说："我根本无法和他相比，我顶多算是萤火虫发出的微弱的光，但是诸葛先生就像日月光辉。"

刘备接着又问："听说卧龙凤雏，只要能得到其中的一位辅佐，就能统一天下，不知道诸葛先生与这两位相比的话，怎么样呢？"

徐庶说："您说的卧龙先生正是诸葛先生，要是您能得到他的辅佐，就不用再为天下不安定发愁了。"

听了徐庶的推荐，刘备马上带领关羽和张飞拿上礼物直奔南阳，打算邀请诸葛亮出山。

他们连夜赶往南阳，但是诸葛亮并不在家，家里的书童也不知道主人上哪里去了，更不清楚他什么时候回来。无奈之下，三个人只好乘兴而来，败兴而归。

不久之后，刘备收到下人的报告，说诸葛亮已经回到南阳了，他非常欣喜，带上两个兄弟，顶着漫天的大雪，马不停蹄地第二次去请诸葛亮出山。谁知当他们赶到那里的时候，却得知诸葛亮已经在他们到达的前一天出门周游去了。

来了两次都没能请到诸葛亮，关羽和张飞已经不耐烦了，甚至有些恼火，但是刘备并不灰心。

后来，他们第三次来到诸葛亮的住处，正巧赶上诸葛亮在午睡。刘备出于对诸葛亮的尊敬，并没有去惊动他，三人站在门外静静地等候。

张飞可是个急性子，哪里能等得了，火急火燎地想闯进去，把诸葛亮揪出来。刘备急忙上前劝阻了他。

等诸葛亮睡醒后，书童便禀报说，刘皇叔已经在门外等候多时了。诸葛亮立即整理衣冠，亲自到门口请刘备三人进茅庐落座详谈。

刘备见到诸葛亮之后，非常诚恳地表明了自己要让天下的百姓过上太平安定的日子的意愿和决心。

诸葛亮连连点头称赞，说："曹操手下谋士众多，并且兵多将广，他自己又非常会用兵，而且他还能以皇帝的名义号令天下，当下您没有办法和他争；东吴有孙权统治着江南，从他父亲孙坚到他这一代已经准备了很久，根基牢固，您也不适宜和他进行正面冲突。您现在最好的办法就是先攻打荆州，然后占领四川，并在四川建立营地，接着再攻取陕西，从荆州发兵攻打洛阳，如果能这样做，百姓一定会拥护您。如果您能做到这些，平定天下指日可待。"

诸葛亮对天下形势做出的一番分析，让刘备对他佩服得五体投地。而诸葛亮因刘备对他的信任以及邀请的诚意更是感激不已，他决心出山辅佐刘备。

刘备三顾茅庐，诸葛亮出山辅佐，为蜀国作出了重大的贡献。

jǐng dǐ zhī wā
井底之蛙

引言：努力上进是我们中华民族的优良传统，我们不能安于现状、见识浅薄，否则就有可能成为井底之蛙。

注 解

井底之蛙：在井底的青蛙只能看到和井口一般大的天空。形容见识短浅的人。

出 处

《庄子·秋水》："井蛙不可以语于海者，拘于虚也。"

A.练一练

一、给下面的字选择正确的读音。

井（jǐng jín） 底（dǐ dīng） 蛙（wō wā）

二、认字形。

1. "底"的偏旁是（   ），它是（   ）结构。

2. "蛙"的偏旁是（   ），它是（   ）结构。

13. 延伸阅读

井底之蛙

从前有一只住在枯井里的青蛙，它从来没有离开过枯井。虽然它没有朋友，但是它对自己现在的生活状况非常满意，就经常坐在井底自吹自擂。

有一次，青蛙玩儿累了，就蹲在井底休息。忽然，井沿上伸出一个绿绿的脑袋，挡住了井口射进来的太阳光线。这下青蛙可不乐意了，只听它嚷着："喂，你是谁啊？为什么要遮住我家的光线？"

那个绿绿的脑袋仔细朝井底看去，原来说话的是一只青蛙呀。它说："亲爱的朋友，我是海龟。刚才我在散步，走到这里之后，发现有一口井，就过来看看有没有朋友在这里。"

青蛙听完海龟说的话，也客气起来，它说："你好，朋友。你今天实在太幸运了，我让你长长见识。来吧，看看我的住处，这简直就是天堂般的居室。你应该没有见到

过这么宽敞的住处吧？"

　　海龟趴在井沿上，把脑袋使劲儿往井里伸。它瞅了瞅青蛙住的井底，那里有一块突出的地方，积满了绿绿的泥水。仔细一瞧，泥水里长满了绿色的苔藓。这时一股难闻的臭味扑鼻而来，它赶紧把脑袋缩了回来。

　　青蛙还在自鸣得意，它根本没注意到海龟的表情，还不知道海龟现在有多么厌恶它的住处呢。它轻轻抚摸着白白的肚皮，一副扬扬得意的样子，继续说道："我住在这里舒服极了！我的脚下就是我的舞台，我可以在这里唱歌；还可以跳进水里游泳；甚至可以跳到泥水里，让这柔软的泥巴没过我的脚背，我要是把四只脚都埋进去，那可

舒服极了。我高兴了还可以在这里打滚儿，那些小鱼、小虾、螃蟹等，根本无法和我比。"青蛙边说边比画着。

它又摇了摇脑袋，向四周指了指，自豪地说："你看，这口井和这里的水都是我的，属于我一个人的，我想干什么就干什么。谁能像我这么自由自在地生活？海龟兄弟，你要不要来我这里看看呢？同时，欢迎你到我这儿小住几日哟！"

海龟并不想下去，不过实在不好意思拒绝青蛙的热情邀请，便抬起腿慢慢地伸向井口，可是前腿还没全伸进井里，后腿就卡在了井栏上。

海龟只得退回去，再次把脑袋伸向井口，向井里的青蛙问道："你知道大海吗？"青蛙呆愣愣地摇摇脑袋。

海龟低下头对青蛙说："亲爱的朋友，大海无边无际，水天相接，根本看不到边。既不能用万里说明它有多宽，也不能用千丈表示它有多深。几千年以来，成千上万的河流都没能注满它；就算天气干旱，也不会看到大海干涸的。你说大海会有多大呀！而且海底就是另外一个世界，不同的鱼群游来游去，还有好多水藻，大海深处有很多我没到过的地方，有趣极了。青蛙兄弟，我一直在大海里生活。你瞧，与你的枯井相比，哪个更开阔，哪个更有乐趣呢？"

青蛙听到海龟说的这些，就像在听天书一样，惊讶得合不拢嘴，鼓着大大的眼睛，竟然无话可说了。

lè bù sī shǔ
乐不思蜀

引言：对于那些到了别的国家之后，忘记了养育自己的故乡故土的人，我们就可以说他们是乐不思蜀。

注解

1. 蜀：古时候的地名，三国时期的蜀国，就是今天的四川省。

2. 乐不思蜀：原是说刘禅安于享乐甘为俘虏，并不想复国。形容在新的环境里获得乐趣，就不想再回到以前的环境里了。

出处

晋朝，陈寿著写的《三国志·蜀书·后主传》，由裴松注引的《汉晋春秋》中有："问禅曰：'颇思蜀否？'禅曰：'此间乐，不思蜀。'"

A. 练一练

一、给画横线的字选择正确的读音。

快乐（yuè　lè）　　　　思念（sī　sēng）

蜀国（shòu　shǔ）

二、认字形。

1. "思"的偏旁是（　　　　），它的结构是（　　　　）。

2. "蜀"的偏旁是（　　　　），它的结构是（　　　　）。

B. 延伸阅读

乐不思蜀

三国鼎立时期，刘备占领了蜀地，并建立了蜀国。自他死后，他的儿子阿斗——刘禅便继承了王位。可是刘禅登基之后，昏庸无能。在父辈的那些能人贤才一一死去之后，蜀国就被魏国消灭了。刘禅向魏国投降，被魏国皇帝封为"安乐公"。他并没有实权，只是一个衣食无忧的贵族，被魏国皇帝安排住到当时的魏国都城——洛阳。

魏国真正掌权的是大将军司马昭。有一次，司马昭邀

请刘禅出席宴会，故意安排人表演蜀国特有的歌舞节目。跟随刘禅一起来到魏国的旧臣们看到熟悉的歌舞，想起已经灭亡的蜀国，又因长时间离开蜀地，都禁不住难过得啜泣起来。刘禅却一副兴高采烈的样子，津津有味地欣赏着表演。

司马昭看到刘禅无动于衷的情形，轻哼一声，低头轻蔑地对身旁的贾充说："真是看不出来，刘禅竟然愚昧到如此田地，就算诸葛亮现在还活着，恐怕也没办法辅佐他，保全他的地位，更不要说是姜维了。"

贾充微微一笑，附和着说："如果刘禅不是这个样子，主公您想吞并蜀国恐怕就要大费一番周折了呀！"

几天后，司马昭又邀请刘禅赴宴。在席间，刘禅没有感到任何的不适，反而大口大口地喝酒、吃菜。忽然，司马昭问他："在我们这里，你会不会想念你的国家呀？"

刘禅毫不迟疑地回答："我在这里过得很快乐，并不想念蜀国。"他的话立即被大家当成笑料，很快就传遍了朝廷上下。

跟随刘禅的一个谋士郤正听说了这件事，便来到刘禅的住地求见，指点刘禅："今后，不管是司马昭还是其他人再问起你同样的问题，你应当流着眼泪回答'祖辈的坟墓远在蜀地，每天我都要朝着西方悲痛流涕，天天想念着那里的一草一木，没有一刻停息'。接着就闭目不答。"

到了后来，司马昭果真再次问起这个问题，刘禅便依照郤正教给他的话回答了。说完之后，他真的闭上眼睛，使人感到他已经悲痛到无法言语的地步了。

司马昭看在眼里，觉得刘禅如此做作非常可笑，于是

他嘲笑说："细听你这话，和郤正如出一辙呀！真不愧都是来自蜀地的人啊！"

刘禅听闻，大吃一惊，急忙睁开眼睛望向司马昭说："大将军，你说得一点儿都没错，这话就是郤正教给我说的。"

他的话刚说完，周围的人你看看我，我看看你，同时无奈地摇了摇头，哈哈大笑起来。只有刘禅自己左瞅瞅右瞧瞧，根本弄不明白大家为什么发笑。

dǎ cǎo jīng shé
打草惊蛇

引言： 犯罪分子非常狡猾，警察在调查时总是小心翼翼的，生怕一个不小心便会打草惊蛇。

注 解

打草惊蛇：原来是说惩罚了其他人，也令自己警醒。后来比喻做事情不够周密，导致对方有所戒备。

出 处

宋朝，郑文宝所著《南唐近事》记载："王鲁为当涂宰，颇以资产为务，会部民连状诉主簿贪贿于县尹。鲁乃判曰：'汝虽打草，吾已惊蛇。'"

A. 练一练

一、为下面的字选择正确的读音。

草（cǎo　cǎn）　　　　蛇（shén　shé）

惊（jīn jīng）　　　　打（dǎ dě）

二、识字形。

1. "打"的偏旁是（　　），它的结构是（　　）。

2. "草"的偏旁是（　　），它的结构是（　　）。

3. "惊"的偏旁是（　　），它的结构是（　　）。

4. "蛇"的偏旁是（　　），它的结构是（　　）。

13. 延伸阅读

打草惊蛇

南唐时期，王鲁担任涂县的县令。他是一个见钱眼开、唯利是图的贪官，他在任期间，不顾百姓死活，颠倒是非黑白，干了很多危害百姓的坏事。

王鲁手下那些小官小吏们上行下效，竟然明目张胆地欺压百姓。他们百般敲诈勒索，巧设名目搜刮民脂民膏。所以，当地百姓恨透了他们，恨不得食其肉，啃其骨，盼望着有机会狠狠地惩处他们，给大家伙儿出口恶气。

有一天，县衙的主簿指派了衙门里的几个衙役，满街敲锣打鼓地收税。此时正值大旱，庄稼颗粒无收，百姓们都揭不开锅了，哪还有交税的钱呢？事有凑巧，朝廷派出

钦差到各地巡察地方官员的执政情况。百姓中有几个明白
人知道这次机会来了，凑在一起商议后，就号召大家联名
状告主簿作奸犯科、贪污腐败的种种劣迹。

　　百姓们联名写的状子先是递交给了县令王鲁。他摆出
一副为民请命的姿态，装模做样地对百姓们说："请大家
放心，我一定会秉公处理的。"

　　可是他接过状纸一瞧，虽然只是大概地看了一遍，便
已经吓坏了。只见他浑身打着哆嗦，脑门上冒出冷汗。原
来状子上列举的那一条条的罪状，桩桩件件都和他有着密

切的关系，有的甚至就是他指使主簿们干的。虽然状子看起来告的是主簿，但在王鲁眼里就像是在状告自己一般，因此，他是越想越害怕，要是百姓们接着往上告的话，自己的官位就保不住了。到时候，朝廷查清楚自己的所作所为，那么倒霉的就是自己。

于是，他搪塞说："这件案子涉及的事情比较复杂，等本官好好调查一番，再知会你们什么时候开堂审理。现在，你们先回去等着吧！"

退堂之后，王鲁在后堂走来走去，心中非常紧张："假如接手审理这个案子，就得仔细探查，那自己还能保全吗？不行，不能冒这个险，我必须把这个案子压下来，绝对不能让朝廷知道这事。"

想到这里，他先镇定了一番，竟然鬼使神差地拿起桌上的笔，握笔的手直打哆嗦。只见他在书案的纸上写下了八个字，便突出了他当时的心情："汝虽打草，吾已惊蛇。"

写完这几个字，他的手一松，笔掉到了地上，他也瘫坐在了椅子上。他写的这八个字的含义是：看似你们状告的是县里的主簿，但是我早就感到了后果的严重性，这就好比打草时惊动了躲在草里的蛇似的。

通常干坏事的人总是担心被人发现而心里不安。如果惩处真的要到来，只要有一丝声响，他们便会望风而逃。

ěr yú wǒ zhà

尔虞我诈

引言：（歇后语）骗子与骗子——尔虞我诈。

注解

1. 尔：你。

2. 虞：欺骗。

3. 诈：欺骗。

4. 尔虞我诈：你骗我，我骗你。形容彼此猜疑，彼此欺骗。也写作"尔诈我虞"。

出处

　　春秋时期，左丘明所著《左传·宣公十五年》："宋及楚平，华元为质。盟曰：'我无尔诈，尔无我虞。'"

A. 练一练

一、给下面的字选择注音。

尔（ě ěr） 虞（yōng yú） 诈（zhà zà）

二、识字形。

1. "虞"的偏旁是（   ），它的结构是（   ）。

2. "诈"的偏旁是（   ），它的结构是（   ）。

B. 延伸阅读

尔虞我诈

春秋战国时期，各路诸侯中楚国的实力最强，称霸中原。楚国的国君楚庄王是一个狂妄自大的人，根本瞧不起别的国家。有一次，他派遣大夫申舟出访齐国，并告诉申舟，路过宋国的时候，不用向他们说明借路的事情。申舟非常害怕，觉得如果自己真的这么做了，宋国国王可能会一怒之下要了自己的性命。可是楚庄王坚决要他这样做，并且还信誓旦旦地保证，假如宋国真敢处死他的话，楚国一定会派出重兵攻打宋国，替他报仇的。

申舟无计可施，只好把儿子申犀交给楚庄王照顾，然后就带兵出发了。当他到达宋国之后，便被宋国扣押了。宋国主管政事的大臣华元认为："你要从我们国家经过，怎么不告知我们？难道是把我们宋国当成楚国的领地了吗？要是把我们宋国当作楚国的一个城邑，那我们就属于亡国了。如果我们杀了楚国的大臣，楚国就会派兵攻打我们，到时候我们会兵败亡国。反正都是亡国，一不做二不休，不如就此树立我们的国威。"因此，他便下令杀死了申舟。

　　申舟被宋国处死的消息很快就传到了楚庄王耳朵里，他暴跳如雷，快步走出寝宫，打算御驾亲征，攻打宋国。

　　宋国虽然是个小国，不过也不是任人欺负的。这年九月，楚宋交战，战争持续了一年之久。虽说楚国兵多将广，但是依然没能攻陷宋国都城。这大大挫伤了楚兵的锐气，战事持续时间太久，将士们已经感到疲惫不堪，楚庄王不得不下令撤兵。

　　楚军撤回的消息传到了申犀的耳朵里，他到皇宫求见了楚庄王，想要楚庄王履行原来对父亲的诺言，希望他能再次出兵替他父亲报仇。这时候的楚庄王左右为难，不知道该怎么办了。他手下一个谋士给他出主意说："大王，您可以下令让士兵们到宋国都城的城门外修筑房舍，耕田种地，装成打算长期驻扎在那里的样子。宋国只要见到我们这个样子，肯定坐立不安，到时候耗不过我们，就会投降了。"

　　楚庄王觉得这个方法很好，便采纳了。

　　宋国的人看到楚国的将士们在城外建造房子、种植庄稼，真的害怕起来。他们的首领华元鼓舞驻守城池的军士们要同仇敌忾，坚决不投降。

　　有一天夜里，华元偷偷地跑到楚军军营里，潜入将领子反的帐篷，对子反说："虽然我们此时的处境比较困难，可是我们一定会坚持到最后，决不投降。我们的大王要我告诉你，我们宋国的军民上下士气高涨，万众一心。不过你们楚军已经和我们耗了很长时间，你们的将士远离国土，肯定会思念家乡从而失去斗志，就怕承受力已经到了极限。因此，你不如命令你们的将士们退出三十里地，然后我们再从长计议，签订合约！"

这时的子反受到华元的胁迫，只得下令退兵，并且据实把情况告诉了楚庄王。楚庄王早就已经厌倦了战事，他打算放弃攻打宋国，双方讲和签订盟约，然后他便下令撤回楚军。盟约中写着："我无尔诈，尔无我虞。"含义是：我不会欺骗你的，同样，你也别欺骗我。

虽然楚宋两国把"我无尔诈，尔无我虞"写入了盟约里，但是让人有种欲盖弥彰的感觉。

mǎi dú huán zhū
买椟还珠

引言： 外在美只是一种优势，内在美才是最重要的。千万不要学郑人买椟还珠。

注解

1. 椟：木盒子，木匣。

2. 珠：珠宝，珍珠。

3. 买椟还珠：只把装珍珠的木盒子买走，而没要盒子里面贵重的珍珠。形容舍本逐末、没有眼光的人。

出处

战国末期，韩非子著《韩非子·外储说左上》："楚人有卖其珠于郑者，为木兰之柜，薰以桂椒，缀以珠玉，饰以玫瑰，辑以羽翠。郑人买其椟而还其珠。"

A. 练一练

一、给下面的生字选择正确的读音。

买（mài mǎi） 椟（mài dú）

珠（zhū zhuō） 还（hái huán）给

二、认字形。

1. "椟"的偏旁是（ ），它的结构是（ ）。

2. "珠"的偏旁是（ ），它的结构是（ ）。

3. "还"的偏旁是（ ），它的结构是（ ）。

B. 延伸阅读

买椟还珠

春秋战国时期，楚国有一个卖珠宝的商人，他经常来往于楚国与郑国之间，做些珠宝生意。有一天，他准备了一些珠宝，打算拿到郑国卖。为了招揽顾客，卖上好价钱，他便想到了一个好办法。

他选了一些上等的木材，找工匠做成一个个精致新颖的木盒子，并且请技艺高超的雕刻师在盒子的外面刻上

各种各样美丽的花纹。同时，他选用各种名贵的香料，把做好的盒子熏得香气袭人。盒子完工之后，看上去金光闪闪，闻上去芬芳迷人，真是不可多得的艺术品。他想：要是把珠宝放到这些盒子里，肯定能吸引郑国人，说不定他们会抢着买我的珠宝，到时候我就能大赚一笔。

这个珠宝商人小心翼翼地把珠宝放进特意做好的盒子里，带着这些珠宝，满怀信心地动身去了郑国。抵达郑国之后，他在一条热闹非凡的街市上展出了他的珠宝。果真不出所料，展出没多久，很多郑国人便都围拢过来欣赏他盛放珠宝的盒子。眼见客人越聚越多，他心中暗暗高兴，以为肯定能赚到不少钱。

令他感到意外的是，这些郑国人感兴趣的并不是他的珠宝，而是装珠宝的木盒子。他们两个一堆、三个一伙，议论的话题都是盛放珠宝的木盒子，样式多么特别，装饰多么美丽。这不免令他紧张起来，额头上冒出了细汗。

为了把众人的视线转移到珠宝上去，珠宝商扯开嗓子叫卖着，推销他的珠宝有多好、多漂亮，可是周围的人个个充耳不闻，还是关心那些盛放珠宝的木匣。

这时有个郑国人拿起盒子，端详了一番，喜爱得不得了，便想出高价买下它。珠宝商看到终于有顾客上门了，激动不已。经过一番讨价还价后，郑国人把钱交给了珠宝商，就带着盒子走了。可是他刚走了没几步，却又折回来了。珠宝商以为他改变了主意，想退掉珠宝。

谁知那人走到珠宝商面前，小心翼翼地打开盒子，取出里面的珠宝递给珠宝商说："刚才走得匆忙，竟然没发现盒子里有颗珠宝。这肯定是先生您放到里面去的，我是

专程来归还珠宝的。"

郑国人把珠宝还给珠宝商之后，便高高兴兴地离开了，走的时候嘴里还在小声地嘀咕着："这木匣太漂亮了，这可是让我赚到了。"

珠宝商拿着郑国人还回来的珠宝，惊讶得合不拢嘴。他还以为那人喜欢的是他的珠宝，没想到是他准备的木盒子太过精致，竟然抢了珠宝的风头，这着实让珠宝商苦笑不已啊！看来自己并不适合卖珠宝，更适合卖木盒子。

郑国人两眼只盯在了精致的木匣上，竟然舍弃了珍贵的珠宝。可见，我们做事情必须主次分明，要不然就会像这位郑国人一样舍本逐末，做出傻事来。

wán bì guī zhào
完璧归赵

引言：战国时期，赵国有一个机智勇敢的人，叫作蔺相如，历史上有记载，他曾经把和氏璧完整地从强大的秦国带回了赵国。

注 解

1. 完：完整没有缺失。

2. 璧：是古代的一种中间有孔、周边扁圆的玉器。

3. 赵：赵国。

4. 完璧归赵：原来说的是蔺相如巧施计谋把和氏璧完整地从秦国带回赵国。现在多形容把东西完好地归还给原主人。

出 处

西汉时，司马迁所著《史记·廉颇蔺相如列传》："蔺相如带宝玉去秦国换取城池，见秦王有诈，便凭着大智大勇，终于使宝玉完好回归赵国。"

029

 **A. 练一练**

一、给下面的字选择正确的读音。

完（wán　wuán）　璧（pì　bì）　赵（zhào　zhóu）

二、识字形。

    1. "完"的偏旁是（　　　），它的结构是（　　　）。

    2. "璧"的偏旁是（　　　），它的结构是（　　　）。

    3. "归"的偏旁是（　　　），它的结构是（　　　）。

    4. "赵"的偏旁是（　　　），它的结构是（　　　）。

 B. 延伸阅读

完璧归赵

    战国时期，赵国有一位著名的外交家、政治家，名叫蔺相如。

    机缘巧合之下，赵惠文王得到了赫赫有名的和氏璧。秦昭王很喜欢和氏璧，知道赵惠文王得到了那块璧后，便派遣使臣出使赵国，提出要用十五座城池与他交换和氏璧。

    赵惠文王召集所有大臣一起商议："想用宝玉交换

城池，又恐怕秦国是想骗取和氏璧，并不是真的要交出城池；如果不交出和氏璧的话，恐怕秦国会以此为借口出兵攻打。"此时，赵惠文王举棋不定。

就在赵惠文王左右为难之际，有人向他推荐了足智多谋的蔺相如。赵惠文王也听说过蔺相如的大名，略微知道他的事情。因此，他便召见蔺相如，问道："秦国想用十五座城池和我交换和氏璧，你看能不能答应他呢？"蔺相如拱手说："大王，如今秦强，我弱，当然不能拒绝他的要求。"

赵惠文王急忙说："可是他要走我的和氏璧，却不给我城池怎么办？"

蔺相如不慌不忙地说："秦国打算用城池和大王交换和氏璧，如果大王不答应，理亏的是大王；要是大王把和氏璧给了秦王，他却不交出城池，那错就在他。相比来讲，我劝大王答应秦王的请求，让他担负失信的责任。"

"那派谁去呢？"赵惠文王又问道。

蔺相如说："如果实在没有合适的人选，我愿带着和氏璧到秦国去交换城池。如果秦王遵守诺言便罢了，如果秦王不给城池，我一定会把和氏璧完整地带回来。"

于是，赵惠文王就任命蔺相如为使节，带着和氏璧前往秦国。蔺相如抵达秦国进宫之后，把和氏璧进献给秦王。秦王高兴地接过和氏璧，赏玩了一会儿，便把和氏璧传给他的嫔妃和侍从欣赏。蔺相如见秦王只顾着欣赏和氏

璧，绝口不提交换城池的事情，就知道秦王根本就没打算交换，实则是骗璧。他想了想，计上心来。他走上前说："大王，璧上有一块瑕疵，我来指给大王看。"秦王没有怀疑，毫不犹豫地把和氏璧递交给他。

　　蔺相如捧着和氏璧向后退了几步，靠在柱子上，怒发冲冠地对秦王说："大王想用城池和我们换和氏璧。如今我已经把璧带来了，您也应该兑现承诺，补偿给赵国十五座城池才对。如果大王不肯的话，现在我就和这块玉璧一同撞在这根柱子上。"说完，蔺相如就举起和氏璧，作势

要撞向柱子。

秦王担心他把和氏璧撞碎，立即道歉，并且让人取来地图，装模做样地指点了十五座城池，说是给赵国的。

蔺相如猜想秦王肯定不会真的给城池，因此他又说："在来秦国之前，赵惠文王为了表示对大王的尊敬，便斋戒了五天。如今大王也应当斋戒五天才合规矩，并且还要举行盛大的庆典，我才会把和氏璧献给您。"

秦王思量再三，发现并没有什么好办法，只得依照蔺相如说的做。

蔺相如推测秦王虽然满口答应，但是肯定不会交出城池的，因此他就让他的随从装扮成老百姓，带着和氏璧，偷偷地潜回了赵国的邯郸城。

秦王依照蔺相如说的，斋戒五天，并且在全国上下举办了庆典，这才请出蔺相如，让他进献和氏璧。蔺相如却说："我已经派人把和氏璧带回赵国了。只要您把城池交给我国，我们赵惠文王一定会立刻派人把和氏璧送来进献给大王。"

秦王以及他的臣子们无奈地发出苦笑，秦王知道和氏璧已经不在蔺相如身上，就算杀了他也无济于事。他为了顾全两国关系，便送蔺相如回赵国去了。

结果，秦王没有把城池交给赵国，赵国也保住了和氏璧。

zǒu mǎ guān huā
走马观花

引言：在学习中，我们一般是从简单到复杂，从容易到困难。在学习过程中，要认真深入地分析每一个问题，千万不要像走马观花一样，浅尝辄止。

注解

1. 走马：骑着马儿奔跑。

2. 走马观花：骑着奔跑中的马赏花，根本看不清楚。原来是指事情顺利、心情愉快。现在多形容观察事物以及了解事情不细致。

出处

唐朝，孟郊所作的诗《登科后》："春风得意马蹄疾，一日看尽长安花。"。

A. 练一练

一、给下面的字选择正确的读音。

走（zǒu zú） 观（gān guān）

二、识字形。

1. "观"的偏旁是（ ），它的结构是（ ）。

2. "花"的偏旁是（ ），它的结构是（ ）。

 B. 延伸阅读

走马观花

唐朝有许多著名的诗人，其中有一位叫作孟郊。孟郊小时候家境贫寒，家里根本无法供他读书。但是他从小就比同龄的小伙伴聪明好学，他想尽办法学习，并且非常刻苦用功。

他们一家隐居在嵩山，日子过得十分清贫。他白天帮母亲干活，晚上便用功读书。母亲见他这么爱读书，就鼓励他去参加科举考试。他对自己也是满怀信心，决心通过科举走上仕途。

　　可是孟郊生性清高，不愿意趋炎附势，更不想投入权
贵们的门下。他每次参加科考，虽然文章写得很出色，却
不喜欢写些取悦朝廷的文章，所以他参加过好几次科考，
却都没有考中。

　　在这段时间里，他一直穷困潦倒，一家人也常常因
为没有粮食而饿肚子，日子过得捉襟见肘。长时间的坎坷

生活没有磨掉孟郊的意志，他反而越挫越勇，学习热情高涨。他更加投入地刻苦攻读四书五经，下定决心一定要凭借自己真正的学识和才能取得功名。

公元797年，46岁的孟郊再次进京参加科举考试。这一次，他终于金榜题名，中了进士。孟郊激动极了，穿着光彩艳丽的服装，身披彩带，胸前佩戴大红花，骑着匹高头大马，穿行在长安城的大街上。他一边游赏着大街上的美景，一边接受大家的祝贺。此时的他光鲜艳丽，可是过去的种种窘迫景象又出现在他的脑海里。他畅想着美好的前程，想到兴奋之处，情不自禁地吟诵了一首诗——《登科后》：

昔日龌龊不足夸，今朝放荡思无涯。

春风得意马蹄疾，一日看尽长安花。

诗中包含的意思是：曾经的穷困生活算不了什么，今日及第令人畅想无边，兴致高涨。此时我骑着大马奔驰在温暖的春风里，就这一天我便看尽了长安的风光。

孟郊在诗中，把自己当时得意的心情表现得酣畅淋漓，尤其是最后的"春风得意马蹄疾，一日看尽长安花"成为千古绝唱。后人把这两句诗总结成两个成语："走马观花""春风得意"。

qǐ rén yōu tiān
杞人忧天

引言： 商朝被周武王灭掉之后，禹的后代被封为王，并且在杞地（也就是现在的河南省开封市东南方向的杞县）建立杞国。杞人忧天的故事就发生在那里。

注解

1. 杞：是周朝的诸侯国名字。杞国，这是中华古老的一个国名，悠久的历史可以追溯到夏朝。西周末期，杞国被宋国灭亡。公元前740年，杞武公迁都到淳于地区，重新建立了杞国。

2. 忧天：担心天要掉下来。

3. 杞人忧天：老是担心天会塌下来，甚至到了连饭都吃不下、觉也睡不好的地步。形容不必要的或者没有根据的担心和忧虑。

出处

战国时期，列子著《列子·天瑞》："杞国有人忧天地崩坠，身亡所寄，废寝食者。"

A.练一练

一、给下面的字选择正确的读音。

杞（qǐ jī） 忧（yǒu yōu）

二、识字形。

1. "杞"的偏旁是（ ），它的结构是（ ）。

2. "忧"的偏旁是（ ），它的结构是（ ）。

B.延伸阅读

杞人忧天

古时候，杞国有个人胆小如鼠，整日里吃不好，睡不踏实，一天到晚提心吊胆，担心天会塌下来，地要陷下去。

一天，他在野外走着，心想如果现在天塌下来的话，连个躲避的地方都找不到，那还不得被砸成肉饼吗？于是，他加快脚步走进房屋里，又想，天要是掉下来房子这

么大一块儿，房屋不也得被砸倒吗？房子被砸倒不就压着自己了吗？

　　他走到哪想到哪，好像哪里都不安全。忽然，他看到路旁有一个山洞，急忙钻进山洞里躲起来，这下心里可算是踏实了。他坐在山洞里悠闲地欣赏着洞外的风景，看着蓝蓝的天上白云飘浮着，周围绿树成荫，心情也跟着舒畅起来。可是很快，他又有了想法，万一天塌下来把洞口堵死了怎么办呢？要是那样的话，就算不憋死，肯定也会饿

死的。他想到这里，急忙从山洞里蹿出来，连滚带爬地到了路上。幸好天空还是瓦蓝瓦蓝的，朵朵白云悠闲自在地飘着。天离地面还远着呢，一时半会儿塌不了。他这样想着，便放下心来。

没走多远，他又到了一块洼地。忽然，他惊叫一声："难道这块地陷下去了吗？"他拼了命地大声喊叫，越是这样，他觉得陷得越深。他拼命朝高处爬，费了九牛二虎之力才回到路上。他一屁股坐在地上，连声说道："好险，好险！"

他走上的是一条石子路，大风吹过，尘土扬起，他急忙闭上眼睛，谁知一不小心脚底下的石子滑了。他还以为地动起来了，自己站的位置就要塌陷下去了，要是陷下去，下面会冒出水，石子会随着塌陷，那自己就有可能会被活埋。因此，他赶紧离开，可是每到一个位置，他都会觉得脚下马上就会塌陷，他只得乱跑一气，却总找不到安全的地方。这时，他看到路旁有一棵大树，猛地一跳，抓住了树枝，可是这树枝哪能承受得了他的重量，齐刷刷地断了，他便重重地摔在地上。他费了好大力气才爬起来，然后左摇右晃地往家走去。

当他走到自己那座破破烂烂的房子面前时，又紧皱着眉头想：待在家里，万一地陷了怎么办？如果能把房子建

成船一般，地陷了也还能乘舟破浪，这可是好办法。但是他转念又一想，万一水面也塌陷了呢？那自己和房子都会坠落下去。

从那以后，每天他都被这个问题困扰着，亲人、朋友看他整天神情恍惚，都为他担忧。大家弄明白缘由之后，都来劝慰他："你这是自寻烦恼呀，天怎么可能塌呢？地又怎么会陷呢？就算会到那一天，你一个人忧愁也解决不了问题呀！"

但是，不管大家怎么劝他，都没能解开他的心结，他仍旧纠结着这个不可能发生的问题。

fù jīng qǐng zuì
负荆请罪

引言： 历史上关于蔺相如的小故事有许多，他因完璧归赵被赵王提升了官职，又在渑池之会上勇斗秦王。负荆请罪也是关于他的故事。

注解

1. 负：背负着。

2. 荆：荆条。

3. 负荆请罪：身上背着荆条，上对方那里请求他对自己进行责罚。形容主动向对方承认错误，并且道歉。

出处

西汉的司马迁著《史记·廉颇蔺相如列传》："廉颇闻之，肉袒负荆，因宾客至蔺相如门谢罪。"

A. 练一练

一、选出下列字的正确读音。

负（fù fòu） 荆（jīn jīng）

请（qǐng qǐn） 罪（zuì zù）

二、识字形。

1. "负"的偏旁是（　　），它的结构是（　　）。

2. "荆"的偏旁是（　　），它的结构是（　　）。

3. "请"的偏旁是（　　），它的结构是（　　）。

4. "罪"的偏旁是（　　），它的结构是（　　）。

B. 延伸阅读

负荆请罪

　　春秋战国时期，赵国有一文一武两名大臣。武将勇猛善战，领兵打仗从未败过，他就是闻名于各国的廉颇将军。文臣是蔺相如，他足智多谋，因为他出使秦国时，运用智慧成功地完成了赵王托付的使命，维护了赵国的尊严，所以，他被赵王封为上卿，官位要比廉颇还高。

　　廉颇认为蔺相如根本没有真本事，仅凭伶牙俐齿便取得了比自己还要高的官位，就说："我带领将士们征战沙场，战功显赫。而他蔺相如以前就是平民百姓，现在就凭口舌之功，竟然官位比我还高，我实在咽不下这口气，要是让我遇见他，一定要好好羞辱他一番。"

廉颇的话传到了蔺相如的耳朵里，以后他每次出门的时候，只要远远地看到廉颇，便掉转车头避开廉颇。就算赵王召见，如果要他们俩同时在场的时候，蔺相如也会请病假不去，就是为了避开廉颇。

蔺相如的做法可急坏了他门下的谋士们，他们觉得蔺相如这么做根本就是懦弱的表现，便一起给他谏言："我

们离开亲人投靠您，是因为仰慕您的有勇有谋。如今您的官位高过廉颇，他那么羞辱您，您却没有表态，反而躲避他。您这么胆小怕事，也太过于懦弱了。平民百姓都有羞耻之心，更别说您还是一个朝廷大臣呢。我们实在不能跟着像您这样的大臣了，我们请求离开。"

蔺相如反问道："你们认为是廉将军厉害还是秦王厉害呢？"

他们回答："那肯定是秦王厉害了。"

蔺相如笑了笑说："一个响当当的国君我都不怕，怎么会害怕廉将军呢？我想的是，秦国如此强大都不敢攻打我们赵国，是因为赵国有廉将军和我在。如果我和廉将军争斗的话，肯定会造成一方受到伤害，到时候秦国就有可能乘虚而入，这对赵国很不利呀。我让着他，就是为国家长远利益着想。而我们的个人恩怨又算得了什么，何必再去计较这种小事呢？"

廉颇知道了蔺相如的想法之后，感到万分羞愧，回想自己的所作所为，真是不应该呀。思来想去，他脱掉身上的战袍，袒胸露背，背上一捆荆棘，到蔺相如门前跪拜请罪。蔺相如听闻廉颇就在门外，急忙从家里跑出来迎接。

从那以后，廉颇和蔺相如成了好朋友，将相和也作为一段佳话流传了下来。

nòng qiǎo chéng zhuō
弄巧成拙

引言： 我们做任何事情都要深思熟虑，千万别自作聪明地乱出主意，投机取巧便会弄巧成拙。

注解

1. 弄：耍弄，卖弄。

2. 巧：指（心思）灵巧。

3. 拙：笨拙，把事情做坏。

4. 弄巧成拙：形容本来想耍小聪明，结果反而更糟糕。

出处

宋朝时期，黄庭坚著《拙轩颂》："弄巧成拙，为蛇画足。"

A. 练一练

一、选出下列字的正确读音。

弄（nòng　nèng）　　巧（qiāo　qiǎo）

拙（chū　zhuō）

二、识字形。

　　1."弄"的偏旁是（　　　），它的结构是（　　　）。

　　2."巧"的偏旁是（　　　），它的结构是（　　　）。

　　3."拙"的偏旁是（　　　），它的结构是（　　　）。

B. 延伸阅读

弄巧成拙

　　北宋时期有一位著名的大画家，叫作孙知微。他比较擅长画人物，他画笔下的人物栩栩如生，就像活人一样。很多人都争抢着买他的画，也有很多人向他学习画画的技巧，因此他门下有了许多学生。

　　有一次，一座寺庙的住持委托他给水星菩萨画一幅画像，挂在寺庙里。他先是构思，想好之后便认真打好草稿。虽然只是草稿，还没有涂上颜色，没有真正完成，但是水星菩萨就像活了似的，只见他的衣带好似被风吹动，飘展开来。

就在这时候，孙知微的一个朋友来请他出去喝酒。孙知微本打算画好之后再跟朋友一起去，拗不过朋友相劝，他只得和朋友一同喝酒去了。出门之前，孙知微告诉弟子们说："那幅水星菩萨像，我已经完成得差不多了，只差涂颜色了，你们帮我完成吧。不过，你们一定要小心谨慎地涂，千万别涂错了颜色。"说完，他便匆匆离开了。

孙知微走后，弟子们纷纷围拢到那幅画的前面，忍不

住赞叹老师的画技高超。其中有一个叫作童仁益的学生却一言不发，有人便问他："童仁益，你觉得老师画的这幅水星菩萨画像有什么不合适的地方吗？"

平日里，童仁益就没有认真学习画画，这次却假模假式地装成很懂的样子，说："我记得老师每回画瓶子，总要在瓶子上画上花的。但是这次没画上，我想肯定是他老人家给忘了，不如由我代笔画上吧。"

说着他便拿起画笔，在周围同学的围观下，在瓶子上画上了红梅。

孙知微和朋友喝完酒回来后，走到画前，打算看看弟子们帮忙涂色涂得怎么样了。这一看，却发现水星菩萨手中的瓶子上多了一枝梅花，生气地问道："这是怎么回事？究竟是谁在瓶子上画了红梅？"

看到弟子们低头不语，他便接着说道："真是愚蠢之极，神仙是用这个瓶子捉妖怪的，现在添上梅花，就成了一件俗物，你把它画成普通花瓶，这可要让人笑话。简直就是画蛇添足、弄巧成拙！"说完，孙知微毫不犹豫地扯下画架上的那幅画，撕得粉碎。

我们做事情的时候，如果不遵循客观规律，肯定不能把握好分寸。不但得不到想要的效果，还有可能失去本来应该拥有的东西。做了多余的事，只有坏处没有好处。

hú lún tūn zǎo
囫囵吞枣

引言：我们的学习和生活一样，要经过长期的积累才能有所提高，短期内不会有明显的改变。我们应该根据自己的情况以及能力，安排好学习的计划，并且认真遵守，要扎实地打好基础，不要囫囵吞枣，只要凡事养成稳扎稳打的好习惯，那么你的一生便受益匪浅。

注 解

1. 囫囵：整个儿。

2. 囫囵吞枣：原意是把整颗枣子不加咀嚼地吞下去。形容对事物或者事情不加分析和思考，只是笼统地接受。

出 处

宋朝，圆悟法师的《碧岩录》："若是知有底人，细嚼来咽；若是不知有底人，一似浑仑吞个枣。"

A. 练一练

一、选出下列字的正确读音。

囫（hún　hú）　　　囵（lún　lú）

吞（tū　tūn）　　　枣（zǎo　zhǎo）

二、识字形。

1. "囫"的偏旁是（　　　），它的结构是（　　　）。

2. "囵"的偏旁是（　　　），它的结构是（　　　）。

3. "吞"的偏旁是（　　　），它的结构是（　　　）。

4. "枣"的偏旁是（　　　），它的结构是（　　　）。

B. 延伸阅读

囫囵吞枣

　　古时候有一个书生，他看书时总喜欢大声读出来，但是他从来不会动脑子思考书中讲的道理，还经常自以为聪明，觉得自己饱读诗书，懂得很多道理，从而闹出了不少笑话。

　　有一次，他的朋友邀请他参加聚会，大家一边吃一边聊天。有位客人看到桌上的果品，便问："到底吃什么水果才有好处呢？"

这时有个大夫回答说："各种水果都有各自的优点，而且每种水果都对人体有益处，可是如果吃多了，总会带来一些伤害。就像吃梨子对牙齿有益处，不过吃多了就会造成脾的损伤；吃枣子对脾有健补的作用，不过吃多了又伤害牙齿。"

书生听人说完，便沉思起来。一会儿，他摇头晃脑地说："我有个好办法可以一举两得，既可以得到水果的好

处，又能避免受到它的伤害。"

这时就有人问了："你会有什么好方法？说来大家听听。"

只见他掸了掸衣服，不慌不忙地从凳子上站起来，走到大家的中央，慢声细语地说："我的方法非常简单，吃不同的水果，就要用不同的方法。就像刚才这位先生说的。"说着，他向着那人弯了弯腰，一拱手作了个揖，继续说道："如果我们吃梨子，只要在嘴里咀嚼，不把它吞咽下去，那么就不会损伤到我们的脾了；假如是吃枣子，别用牙齿咬，只要整个地吞下去，那就不会伤到牙齿了。要是我们吃梨子的时候同时吃枣子，那样就有益无害了，既有益牙齿健康，又不损伤脾胃。"

正巧桌子上放着一盘枣子，鲜红好看，一看就很好吃的样子。书生就想拿起桌上的枣子给大家做个示范，直接吞到肚子里去。周围的人担心他会噎着，七嘴八舌地劝阻他："可别真吞下去呀，万一卡在喉咙里，那得多危险啊！"

刚才说话的大夫上前拦住他，忍不住笑了笑说："你的这个方法可不好。要是吃梨子的时候只嚼不咽还好说；但是吃枣子不嚼就咽，那可不怎么好办。那囫囵吞枣的滋味儿可不好受！"周围的人听了，都忍不住笑了起来。

huà shé tiān zú
画蛇添足

引言：生活中，我们做任何事情都要有明确的目标和具体的要求，并且要意志坚定，执着追求，认真完成，千万别被胜利冲昏了头脑。被胜利冲昏头脑的人，最终也会失败。

注 解

画蛇添足：本义是画蛇的时候，竟然给蛇画上了脚。形容有人在做事的时候，经常做出一些多余的事情，有害无利，也形容无中生有。

出 处

战国时期，刘向著《战国策·齐二》："蛇固无足，子安能为之足？"

A. 练一练

一、选出下列字的正确读音。

蛇（shí　shé）　　　　添（tiān　tiè）

足（cū　zú）

二、识字形。

1. "蛇"的偏旁是（　　），它的结构是（　　）。

2. "添"的偏旁是（　　），它的结构是（　　）。

3. "足"的偏旁是（　　），它的结构是（　　）。

B. 延伸阅读

画蛇添足

　　楚国有一户人家，在祭祀祖先之后，打算把祭祀时剩下的酒赏赐给帮忙做事的手下们喝。但是酒只有一壶，帮忙做事的人可不少，大家都想喝这壶酒。如果只赏一个人的话，那可肯定能喝个畅快，不过这壶酒给谁喝才合适呢？正在主人左右为难的时候，大家七嘴八舌地讨论起来。

　　大家你一言我一语的，也没有商议出个所以然来，此时有人上前说："我来说个方法，大家听听行不行。我们来一次比赛，想喝酒的人，每人都在地上画出一条蛇，哪个人画得好而且画得又快，这壶酒就归他了，让他独自享用美酒。"

　　他的话音一落，大家又开始小声议论，一致觉得他提出的方法非常好。因此，大伙急忙选好一个合适的位置站

好，让不参加的人做裁判。裁判一声令下，大家便趴在地上，认认真真地动手画起蛇来。

他们中间有一个人有作画的经验，所以画得特别快，他捏着一根细长的树枝，凝神在地上画起来，一会儿便画好了。他正打算拿起酒壶喝下美酒，转身却看到其他几个人还没有画好，就想：他们竟然画得这么慢。他想趁机炫耀一番，就得意扬扬地说："你们画得实在太慢了！看我再给蛇添上几只脚，相信也晚不了！"说着，他用左手提起酒壶，右手拿起一根树枝给自己画的蛇添上脚。

就在他一边说话，一边给蛇画脚的时候，另一个人也把蛇画好了，一把夺去了他手里的酒壶，说："你到底见没见过蛇啊？蛇根本就没有脚，你却非要给它添上脚。所以画好蛇的第一名是我，而不是你！"

那人说完，便仰起头把酒喝光了。而给蛇画脚的人呢？只能眼睁睁地望着那人把一壶酒喝掉。

从那以后，"画蛇添足"就被人们用来嘲讽那些仅凭想象，而干多余的事的人。这也在警醒我们做任何事情都应该以客观事实为依据，实事求是。

kè zhōu qiú jiàn
刻舟求剑

引言：世上万物都在不断地变化，所以我们不能凭借自己的主观想象做事情，不能墨守成规。当情况发生变化了，解决问题的手段、方法也一定要随着情况而灵活改变，要不然就会失败。

注解

1. 舟：小船。

2. 求：寻求，寻找。

3. 刻舟求剑：在坐着的小船上刻上记号，然后在刻记号的地方寻找掉入水中的剑。

出处

战国末期，吕不韦的《吕氏春秋·察今》："楚人有涉江者；其剑自舟中坠于水；遽契其舟曰：'是吾剑之所从坠。'舟止；从其所契者入水求之。舟已行矣，而剑不行，求剑若此，不亦惑乎？"

A. 练一练

一、选出下列字的正确读音。

刻（kē　kè）　　　　　求（qióu　qiú）

剑（jiàn　jìn）

二、识字形。

1."刻"的偏旁是（　　　），它的结构是（　　　）。

2."剑"的偏旁是（　　　），它的结构是（　　　）。

B. 延伸阅读

刻舟求剑

战国时期有一位楚国人，他做事情不会变通，只会刻板地按照书上写的做，而且遇到事情的时候，他也是看别人怎么做，他再跟着学样，从来不知道根据自己的实际情况去解决问题。

有一次，他路经一片山林，看到一个樵夫正在砍柴。谁知，樵夫一不留神，让砍柴的斧子从手中飞了出去，掉进了山谷里。只见那樵夫不紧不慢地蹲下，在斧子掉落的山崖边做出一个明显的记号，又沿着旁边的一条小路绕过山头，走下山去，比对着自己在山上做的标记，很快就在草丛中找到了丢掉的斧头。这位楚国人把整件事情看在眼里，对樵夫非常崇拜，并且把这件事记在了心里。

这个人非常喜欢剑术，不仅收藏了很多剑，而且平日里总是随身带着一把宝剑。

有一天，他坐着一条小船渡江。他站在船舷上，欣赏

着两岸的迷人景色，时不时地感叹几句，有时还和船上的人攀谈，心情非常舒畅。当船行到江中心的时候，他还陶醉在美景中，一不小心便把随身带着的那把宝剑碰掉了。宝剑顺着船舷，滑进了江里。他急忙伸手去抓，可是已经来不及了。

船上的人看着他紧紧地盯着刚才剑掉下去的位置发愣，都劝他赶快跳下去捞剑。可是这位楚国人微笑着摇了摇头，一副胸有成竹的样子，因为他想起了樵夫为了找斧子刻记号的事情。然后他镇定地告诉大家："不用担心，我有好办法。"他边说边从袖筒里拿出一把小刀，用力地刻着船舷，一会儿便刻出一个深深的记号。大家非常奇怪他为什么要这么做。

那位楚国人看着疑惑的人们，理直气壮地对大家说："这儿是我的宝剑掉下去的地方，因此我在这里刻上记号。到岸后，我再寻找。"

大家听他说完，都轻轻摇头叹息。小船还在继续向前行驶着，当船一靠到岸边，他立刻站起来，在周围人惊讶的目光里，不慌不忙地脱掉身上的衣服，从自己在船舷边上刻记号的位置跳进水里，寻找掉落江中的宝剑。他在水中捞了好长时间，也没捞到宝剑。他不得不浮出水面，找到船舷上的记号，喃喃自语着："这里就是我的宝剑掉下去的地方呀，我已经做好了记号了，怎么找不到了呢？"

这时，岸边的人们都被他的样子逗笑了。有人说道："船一直行进着，但是你的宝剑可是沉入江中水底不动的，这样做怎么能找得到你的剑呢？"

实际上，宝剑掉进江中之后，船一直都在行驶着，但是宝剑是不会跟着船一起移动的。像他用这样的方法去找剑，真是愚蠢之极。

huà lóng diǎn jīng
画龙点睛

引言： 当我们说话或者是写文章的时候，如果用一两句话点出关键之处，便能突出主题，这样能使整体内容更加生动有力。

注 解

画龙点睛：画龙后，再点上眼睛。原来是形容画家张僧繇的画非常神妙。现在多形容说话或者写文章的时候，在关键之处运用一两句点明主题，使内容更加传神生动。

出 处

唐朝时期，张彦远著《历代名画记·张僧繇》："武帝崇饰佛寺；多命僧繇画之……又金陵安乐寺四白龙；不点眼睛；每云：'点睛即飞去。'人以为妄诞；固请点之。须臾；雷电破壁；两龙乘云腾去上天；二龙未点睛者见在。"

A. 练一练

一、选出下列字的正确读音。

龙（yóu lóng） 点（diǎn dǎn） 睛（jīn jīng）

二、识字形。

1. "点"的偏旁是（　　　），它的结构是（　　　）。

2. "睛"的偏旁是（　　　），它的结构是（　　　）。

B. 延伸阅读

画龙点睛

张僧繇是我国古代一位著名的大画家，生活在南北朝时期的梁朝。他的画技非常高超，擅长画龙。相传，梁武帝在位时信奉佛教，所以朝廷上下大兴佛法，全国各地修建了许多寺庙。由于他美名在外，金陵以及附近的寺庙都争相要他去作画。

有一次，梁武帝派他到安乐寺，要他在寺庙墙壁上画出四条金龙。这可是他的特长，他便一口答应下来，而且只用了三天的时间就画好了。只见那四条金龙腾云驾雾，惟妙惟肖，栩栩如生。就连金龙身上的一鳞一爪都特别传

065

神，简直就是真龙再现。可是，这四条龙有个缺点，就是没有眼睛。

张僧繇画成之后，很多人被吸引来观赏。大家都在七嘴八舌地议论着，赞叹着张僧繇画技高超，画得逼真。但是，大家再走近一些看时，才发现四条金龙竟然都没有眼睛，这可真是美中不足啊。

这一日正好是赶庙会的日子，张僧繇也到安乐寺赶庙会。这时就有人提起他在寺里墙壁上画的金龙，虽然栩栩如生，可惜没有眼睛。大家知道张僧繇来了，就围了过来，请求他给金龙点上眼睛。

张僧繇不慌不忙地解释说："要给金龙画上眼睛并不

难，但是给金龙画上眼睛，就怕金龙会突破墙壁，飞到天上去了。"

大家听闻他的说法，根本不相信，都觉得他的解释太荒诞，画中的金龙怎么可能会飞走呢？时间久了，大家都认为他在说谎，都在猜疑他是不是根本就没有那么高的画技，甚至有的人怀疑之前的画都是别人替他画的。

众人的猜忌令张僧繇无可奈何，他想再解释，但是人们要他给金龙点上眼睛证明他自己。张僧繇实在没办法，只得答应大家，要给金龙画上眼睛。

走进寺庙，他拿起笔沉思了一会儿，想要给寺庙留下两条金龙，所以只打算给两条金龙点上眼睛。他说道："我给两条金龙点上眼睛就可以了吧，要不然它们就全都飞走了。你们大家也躲得远远的，以免一会儿金龙飞起伤到大家。"

说完，围观的人们果真配合地退出几步，他便轻轻提笔给两条金龙画上眼睛。

令人惊奇的事情发生了，他刚刚点好两条金龙的眼睛，天空中马上乌云密布，狂风突起，雷电交加，瓢泼大雨纷纷落下。这时，有了眼睛的两条金龙轻轻蠕动身躯，竟然震破墙壁腾空飞起，游动着庞大的躯体，腾云驾雾飞上天空了，不一会儿的工夫，便消失在乌云里。

等人们回过神来，再一瞧寺庙的墙壁上，只留下两条没有眼睛的金龙，而那两条点好眼睛的金龙已经不知去向了。

bēi gōng shé yǐng
杯弓蛇影

引言：当我们遇到问题时，应当要学会问一个为什么，只有通过调查研究才能弄清楚事情的真相，获得解决问题的正确方法。

注 解

杯弓蛇影：把落入杯子中弓箭的影子误以为是蛇。形容妄自惊扰、疑神疑鬼。

出 处

汉朝时期，应劭著《风俗通义·怪神·世间多有见怪惊怖以自伤者》："时北壁上有悬赤弩，照于杯中，其形如蛇。宣畏恶之，然不敢不饮，其日便得腹腹痛切，妨损饮食，大用羸露，攻治万端，不为愈。"

A. 练一练

一、选出下列字的正确读音。

杯（huái　bēi）　　　　影（yǐng　jīng）

二、识字形。

　　1. "杯"的偏旁是（　　　），它的结构是（　　　）。

　　2. "影"的偏旁是（　　　），它的结构是（　　　）。

B. 延伸阅读

杯弓蛇影

　　东汉时期，汲县（现在的河南省卫辉市）县令应郴和主簿杜宣是好朋友，两个人经常聚在一起喝酒、谈天。

　　有一年夏天，县衙内的事情特别多，忙碌完以后，应郴便在家里设宴款待杜宣，以此感谢杜宣在县衙里勤恳干活，帮了自己不少忙。

　　宴席设在堂内，客座后面的墙上挂着一张红艳艳的弓弩，堂内光线明亮，弓的影子就映在了酒杯里。杜宣端起酒杯，正要喝下这杯酒，不经意间看到了酒杯里的弓影，

他以为是一条小蛇在酒杯里游动，顿时冒出一身冷汗。但是此时酒杯已经到嘴边了，而且应郴还是他的上司，他只能硬着头皮把那杯酒喝进肚子里。在旁边侍候的仆人再次斟满酒杯，杜宣仔细一看，酒杯底部好像又有一条小蛇在蠕动，他便随口找了一个理由，起身向应郴告辞回家去了。

杜宣回到家中，心中老是想着酒里的蛇，甚至觉得肚子里有一条不停地蠕动。他感到胸口和肚子疼痛难忍，

喝水、吃饭都受到了影响，晚上睡觉也在想小蛇，睡不踏实，所以身体逐渐消瘦了下去。家里人见到他的样子，急忙去请郎中来给他诊治，但是尽管用了许多办法，他的病情都不见好转。

自打上次一起喝酒之后，应郴已经好几天没有见到杜宣了，他感到非常奇怪。有一天，他去杜宣家，见杜宣满脸憔悴，看起来像生了重病，就问起杜宣生病的原因。起初，杜宣吞吞吐吐不愿明说，但是经不住应郴再三询问，他不得不说道："那天在你家里一起饮酒，酒杯里有条青皮红蛇在蠕动，当时因为你正在兴头上，我没好意思拒绝，只好喝了那杯酒。从那之后，我就觉得有一条小蛇在肚子里到处乱窜，一直想吐，也吃不进东西，到现在已有十几天了。"

应郴听杜宣说完，心中疑惑，酒杯里有蛇，这怎么可能呢？可是杜宣明明看到了，这又怎么解释呢？

应郴回到家里，在厅内走来走去，觉得有些累了，便坐在厅堂里的椅子上想，实在弄不清楚杜宣酒杯中的蛇是怎么来的。

正在他苦思不解的时候，他忽然抬头看到了悬挂在北墙上的弓弩，那是一张雕刻着红花纹的青色的弓。他心中有些明朗了，会不会是这张弓的问题呢？他把椅子搬到那

天杜宣坐过的位置上，然后让人取来一杯酒放在桌子上。他把这杯酒左移右摆着，果然看到酒杯中映出了那张弓弩的影子。只要酒水稍一晃动，那弓影就如同一条小蛇一样在酒杯中蠕动起来。至此，应郴终于弄清楚了原因。

于是他就派人备上马车，把杜宣再次请到家里，在上次的位置重新摆上宴席，并且让他坐在原来的位子上。杜宣端起酒杯一看，突然惊叫一声，原来酒杯里又出现了一条小蛇的影子。就在这时，应郴端着自己的酒杯走到杜宣旁边，把自己的酒杯拿给杜宣看，同样的，他的酒杯里也有一条蛇影。然后，他请杜宣端着那杯酒离开那里，再看的时候，酒杯中哪还有蛇的影子？

杜宣非常纳闷，疑惑地看着应郴。应郴哈哈大笑，用手一指身后墙上的弓弩，对他说："你杯中的那条蛇就是它。"说完，便把弓弩摘下来。杜宣回到刚才的位置，低头再看酒杯，小蛇果真不见了。

杜宣心中的疑惑顿时消失，精神也跟着清爽了很多。回到家以后，他的病很快就好起来了。

wén jī qǐ wǔ
闻鸡起舞

引言：在生活中，我们要想获得成功，光靠想、光靠说是不行的，最重要的是要有实际行动。我们只有不断地努力，发奋图强，才能有所收获。

注解

1. 闻：听，听到。

2. 起：起床。

3. 闻鸡起舞：本义是指听见鸡的鸣叫，就起床舞剑。形容有报国志向的人及时奋发、刻苦努力。

出处

晋朝，祖逖、刘琨著《晋书·祖逖传》："中夜闻荒鸡鸣，蹴琨觉，曰：'此非恶声也！'因起舞。"

A. 练一练

一、给下面的字组词。

闻（　　）　鸡（　　）　起（　　）　舞（　　）

二、识字形。

1. "闻"的偏旁是（　　），它的结构是（　　）。

2. "鸡"的偏旁是（　　），它的结构是（　　）。

3. "起"的偏旁是（　　），它的结构是（　　）。

B. 延伸阅读

闻鸡起舞

东晋时期有个胸怀大志的年轻人，叫作祖逖。

祖逖很小的时候，父母就去世了，是哥哥把他抚养长大的。他自幼不爱读书，到了十四五岁的时候连书本都没碰过。他的哥哥为了这件事，天天发愁。但是他长到十六岁的时候，意识到自己懂的实在太少了，不读书根本不能报效国家，所以他决心发愤读书，每天勤奋刻苦学习。

祖逖本就天资聪颖，记忆超群，他阅读了大量的经史子集，刻苦学习历史，从中获得了丰富的知识。后来他到京城洛阳，在那里更加刻苦地学习，学问大有进步，没过几年，他便成了有勇有谋的人才。与他接触过的人都认为，他一定能成为辅佐皇帝治理国家的重臣。

祖逖二十岁的时候，就有人推荐他到朝廷做官，但是他以学问尚未学成为由推辞了。

后来，他和好朋友刘琨一起到司州担任主簿。他俩从小感情深厚、意气相投。一起做官之后，更是形影不离，白天一起吃饭，晚上同床而卧。他们处理完公事，便相约一起游山玩水、吟诗作对，陶冶情操。

　　他们还对武艺情有独钟，这是因为他们心中都装着国家，时时记挂着北伐中原收复失地，复兴晋国，为国家效力。

　　有一天，他们又畅谈到深夜，很晚才睡着。半夜里，祖逖听到窗外鸡的鸣叫声，他一脚踢醒刘琨，并对他说："你听，是鸡叫了吗？"

　　刘琨揉了揉蒙眬的睡眼说："听别人说，半夜里听见鸡的鸣叫声是不吉利的。"

　　祖逖边穿衣下床，边说："我不这么认为，我觉得从今往后，咱们以鸡叫为号，只要听到鸡叫声就起床练剑怎么样？"

　　刘琨听他说得在理，便跟着起身，穿上衣服，和祖逖一起来到院子里练习剑法。

　　从此以后，每天只要鸡叫三遍，他们便起床练剑。无论是刮风下雨，还是烈日寒风，从来没有间断过。皇天不负有心人，经过长时间的学习以及训练，他们各自练就了一身高强的武艺，磨砺出坚强的意志，成了文武双全的人才，既能写出好文章，又能领兵打胜仗。

　　祖逖和刘琨最终成了东晋著名的将军：祖逖为镇西将军，这便成就了他为国效力的夙愿；刘琨被封为征北都督，监管着并、幽、冀各州的军务，他的文韬武略得到了充分发挥。

jīng gōng zhī niǎo
惊弓之鸟

引言：老师教导我们，做人要品行端正，做事要光明磊落，这样才能问心无愧。俗话说得好："未做亏心事，不怕鬼敲门。"

注解

惊弓之鸟：受过箭伤的鸟，听到弓箭射出的声音就害怕。形容受到过惊吓的人，遇到一点儿动静就害怕得要命。

出处

西汉时期，刘向著《战国策·楚策四》。以及《晋书·王鉴传》："黩武之众易动，惊弓之鸟难安。"

一、给下面的字组词。

惊（　　　）　弓（　　　）　鸟（　　　）

二、识字形。

　"惊"的偏旁是（　　　），它的结构是（　　　）。

惊弓之鸟

　　古时候，魏国有一个名叫更羸的射箭能手。在当时，他射箭的本领可谓独一无二、名扬四海。

　　有一天，更羸陪着魏王去围场狩猎。他们并肩站在搭建的一块石台上。这时，天空中有一只大雁从远处飞过来，边飞边鸣叫。更羸抬头仔细看了看，便指着飞来的大雁说："大王，您看远处飞来的那只大雁。臣不用箭，只要拉一下弓弦，就能把那只大雁射下来。"

　　魏王知道更羸的箭法非常准，但是不用箭就能射下大雁，这怎么可能，除非是神仙，他认为更羸只是在说笑而已。因此，魏王说："难道你的箭法如此了得？本王真想见识一下。"

更羸笑了笑，说："让我试一试便知道了。"

这时大雁越飞越近，更羸取下身后背负的弓，并没有从箭囊中取箭。只见他左腿前弓，右脚向后蹬地，然后左手握住弓柄，右手用满力气拉紧弓弦，不过他并没有瞄准。等到时机成熟，他右手猛然一松，发出"嘣"的一声

响。弦声未落，只见那只大雁只是拍了拍翅膀，就如更羸说的那样，径直从半空中掉了下来。

魏王嘴中惊呼一声"啊！"便呆立当场。直到下人过来禀报大雁掉落的位置，他才惊醒过来。他对更羸大加赞赏："爱卿果真好本事呀！有你在，真是本王的福气呀！"

更羸依然笑了笑，说："大王误会了，不是我的本事大，这是因为我早就知道，这只大雁受过伤，而且伤势并没有痊愈。"

魏王更加觉得奇怪了，追问道："难道以前射伤那只大雁的人是你？要不然你怎么会知道呢？"

更羸请魏王先回到王座上坐下，这才继续说："大王有所不知呀！这只大雁飞得很慢，鸣叫声又特别凄凉。飞得慢，是因为它受过伤，我猜很有可能是箭伤，此时伤口还没有痊愈，飞动时肯定会痛；叫得凄凉，是因为它脱离了雁群，没能跟上同伴，如今形单影只，孤立无援。刚才我拉动弦，它一听到便害怕，而且拼了命地往上空窜。它一用力又牵动了伤口，然后就掉了下来。这让我更加确定它曾经受的伤是箭伤。"

魏王点点头："说得有道理，太有道理了！"

到了战国末期，各诸侯国中以秦国最为强大，秦王对其他国家虎视眈眈，各国感到自己国家的安危受到了威胁。燕国的宰相苏秦游说各国，宣传各国联合起来一起抗秦。楚王想派遣曾经被秦国打败的临武君为抗秦主将。各国虽有心劝阻，却不知怎么向楚王讲明。这时赵国的大夫魏加毛遂自荐，要到楚国进行劝说。

魏加到了楚国，见了楚国的宰相春申君，便把惊弓之鸟的故事讲给春申君听，并且示意此时的临武君就像故事里的大雁一样。春申君觉得有理，便建议楚王取消了这个命令。

hú jiǎ hǔ wēi
狐假虎威

引言： 那些奸诈狡猾的人，总爱说谎话，吹牛皮，凭借欺骗别人过日子。这种人也就只能凭借权势欺压其他人，实际上是懦弱无比、不堪一击的。

注 解

1. 狐：狐狸。

2. 假：借助，借。

3. 虎威：老虎的威势。

4. 狐假虎威：狐狸借助着老虎的威势，恐吓其他的动物。形容依仗或者仰仗着别人的威势来吓唬、欺压别人。

出 处

《战国策·楚策一》："虎求百兽而食之；得狐。狐曰：'子无敢食我也；天帝使我长百兽……子随我后；观百兽之见我而敢不走乎？'虎以为然；故遂与之行。兽见之皆走；虎不知兽畏己而走也，以为畏狐也。"

A. 练一练

一、给下面的字组词。

狐（ 　　 ） 假（ 　　 ） 虎（ 　　 ） 威（ 　　 ）

二、识字形。

1. "狐"的偏旁是（ 　　 ），它的结构是（ 　　 ）。

2. "假"的偏旁是（ 　　 ），它的结构是（ 　　 ）。

B. 延伸阅读

狐假虎威

从前有一个山洞，里面住着一只大老虎。其他动物一看到它，就害怕得逃开。

有一天，老虎肚子饿了，跑出去寻找食物。当它迈着虎步慢悠悠地走过一片茂密的森林时，忽然看到对面有一只狐狸正在悠闲地散步。它认为这是一个难得的好机会，就舔了舔流到嘴边的口水，躲进了旁边的草丛中，静

静地等待着狐狸走近。这个时候的狐狸还不知道危险就在眼前，还慢悠悠地左瞧瞧右看看。老虎看准时机，猛地起身一跃飞扑过去，不费吹灰之力便擒住了狐狸。就当它张开大嘴，打算把狐狸吞进肚子里的时候，狐狸突然眼珠一转，计上心来。它不仅不害怕，还仰头对老虎说："你以为你是百兽之王吗？告诉你，天帝已经任命我为百兽之王，你要是敢吃我，就是违抗了天帝的命令，那么天帝就会对你进行最严厉的惩罚，而且会狠狠地制裁你！"

老虎听了狐狸的话，有些不相信。不过它斜着脑袋看向狐狸，发现狐狸满脸的傲慢和镇定，心中不免有些惊讶。刚才浑身乍起的毛此时已经平伏在身上，扬起的胡须也耷拉下来，嚣张的气焰和那股盛气凌人的气势，不知道什么时候已经没有了。不过它仍然纳闷：我是百兽之王，所有的动物见到我都害怕。而这只狐狸，竟然是天帝派遣来管理我们的？

狐狸见老虎有些迟疑，看来一时半会儿不敢吃自己了，知道老虎对自己刚才的一番话已经有些相信了，于是它挺起胸膛，神气十足地指着老虎说："怎么，你竟然敢不信我的话？那好，现在你就跟在我后面，到森林里去走一走。要是走完一圈，动物们没被我吓得抱头鼠窜，你再吃我也不迟。"

老虎觉得狐狸的主意很好，就照着狐狸说的做了。狐狸双手背在身后，大摇大摆地在前面带路，老虎紧跟在狐狸身后走着。它们走了没一会儿，就隐隐约约看到森林深处，有很多小动物在草地上争抢着吃食，可是当它们见到走在狐狸身后的老虎的时候，不禁胆战心惊，四处逃窜开去。

这时，狐狸得意地转过身来看了看趴伏在地面上的老虎。老虎目睹了动物们的表现，以为狐狸真的是天帝派来的百兽之王，不禁也开始胆战心惊起来，不仅让狐狸离开

了，还一副恭恭敬敬的样子。

不过老虎并不清楚动物们真正害怕的是它自己，并不是那只狡猾的狐狸。

战国时，楚国的令尹昭奚恤掌管着楚国的大权。他不仅位高权重，而且敢于直谏，因此大臣们对他敬仰有加，就连各个诸侯国也都非常敬畏他。

有一次，楚宣王召集大臣们议事，正好昭奚恤不在，楚宣王便向众臣问道："北方各个诸侯真的都惧怕昭奚恤吗？"

没有人敢回答，这时大臣江乙站出来说："大王，我来讲个故事听听，大家就都明白了。"

他便把"狐假虎威"的故事讲给大家听，接着他又对楚宣王说："大王，如今您拥有百万大军，五千多里的国土。可是军队大权掌握在昭将军手里，各个诸侯当然就害怕昭将军了。昭将军就如刚才所讲故事里的那只狐狸，诸侯害怕的不是昭将军，而是您的大军呀。"

楚宣王觉得江乙说得有道理，连连点头。这时候，他才明白了北方各个诸侯害怕昭奚恤的真正原因。

jiē lái zhī shí
嗟来之食

引言： 做人要有骨气，绝不可以低三下四接受别人的施舍，就算是饿死也不吃嗟来之食。

注解

1. 嗟：是感叹词，在这里是一种不礼貌或者不客气的招呼声。就像我们平常喊的"喂"。

2. 来：语气助词。没有实际意义。

3. 食：食物。

4. 嗟来之食：原意是指因可怜人的饥饿，而很不礼貌地招呼人来吃东西。形容带有侮辱性质的施舍。

出处

《礼记·檀弓下》："齐大饥，黔敖为食于路，以待饿者而食之。有饿者，蒙袂辑屦，贸贸然来。黔敖左奉食，右执饮，曰：'嗟！来食。'扬其目而视之，曰：'予唯不食嗟来之食，以至于斯也。'"

A. 练一练

一、给下面的字选择正确的读音。

嗟（chā jiē） 来（lái mī） 食（chī shí）

二、识字形。

1. "嗟"的偏旁是（   ），它的结构是（   ）。

2. "食"的偏旁是（   ），它的结构是（   ）。

B. 延伸阅读

嗟来之食

战国时，各路诸侯为了争夺中原霸权，连年战争不断，百姓一直生活在水深火热之中。广大的土地变成了战场，田野上遍地荒草，鸟雀四处惊飞，三五成群的难民背井离乡，流落四方。要是再遇到天灾，那更是雪上加霜，处处悲凉凄惨。

有一年，齐国发生了严重的饥荒，逃难的人连草根、树皮都啃光了，许多人饿得有气无力，奄奄一息，有的甚至已经饿死在路边了。齐国贵族中有一个名叫黔敖的，家中屯集着很多粮食，眼见此情此景，他突发善心，命令手下人熬了一锅稀粥，做了一些食物，在路旁摆放着，打算救济路过的难民。

这时，大批难民走来，黔敖和他的手下一起敲着粥锅，手中扬起饭勺，大声呼喊着，招呼难民过来吃东西。难民们看他们一副耀武扬威、气势凌人的架势，心中难免有些不快，有的人非常恼怒。可是饥饿的滋味儿实在难

忍，他们只得勉强忍耐着，上前去讨要一勺稀粥，忍受着屈辱，快速地喝到肚子里。

黔敖看到难民们都疯抢着赶来吃他施舍的粥，就更加得意了。只见他傲慢地拿起饭勺，一下一下地搅拌着大锅里的稀粥，就好像是在给牲口准备食物似的，嘴里还不停地发出"嗟嗟"之声。

一天，远处走来一个衣衫褴褛的汉子，看他走路有气无力的样子，肯定已经好几天没吃东西了。

当他拄着木棍路过黔敖的粥摊时，用破烂不堪的衣袖遮住自己的脸，一眼也不瞅黔敖，便摇晃着身子，拖着沉重的步子从黔敖面前走过去了。黔敖早就看到他向这边走来，就低头准备食物，打算施舍给那汉子一勺稀粥，可是那汉子竟然看都没看他就要走过去，他觉得特别奇怪，急忙用力敲了敲大铁锅，冲着那汉子大声喊着："喂，过来吃吧！"

那个饥饿的汉子听到他的喊声，缓缓转过身子，把眼睛瞪得大大的，对他说："你喊什么！我可没打算接受你的施舍，我之所以饿成这样，就是因为我不吃嗟来之食！"

这是一个有着自尊心的汉子，他宁愿饿死也一定要维护自己的人格。黔敖虽然想做善事，但是他太没有礼貌了，不懂得尊重他人，因此这个饥饿的汉子回绝了他的施舍，结果饿死在路上了。

sài wēng shī mǎ
塞翁失马

引言： 在一定的情况下，好事与坏事通常能够相互转换，有时候好事能变成坏事，也有的时候坏事可能变成好事。俗话说："塞翁失马焉知非福。"不管是福还是祸，要摆正自己的心态，多方位、多角度地分析问题，全面地考虑事物可能发生的变化。

注 解

1. 塞：边塞，边界关键的地方。

2. 翁：老者，老头。

3. 塞翁失马：原意是指边塞上有一个老头丢失了马匹。形容虽然暂时受到了损失，但是说不定会因此得到好处。

出 处

西汉时期，刘安著《淮南鸿烈集解》："近塞上之人，有善术者，马无故亡而入胡。人皆吊之，其

父曰：'此何遽不为福乎？'居数月，其马将胡骏马而归。人皆贺之，其父曰：'此何遽不能为祸乎？'家富良马，其子好骑，堕而折其髀。人皆吊之，其父曰：'此何遽不为福乎？'居一年，胡人大入塞，丁壮者引弦而战。近塞之人，死者十九。此独以跛之故，父子相保。"

A. 练一练

一、给下面的字组词。

塞（　　） 翁（　　） 失（　　） 马（　　）

二、识字形。

1. "塞"的偏旁是（　　），它的结构是（　　）。

2. "翁"的偏旁是（　　），它的结构是（　　）。

B. 延伸阅读

塞翁失马

古时候，在靠近北方边塞的城镇里，住着一位名叫塞翁的老人。他带着一家人住在这里，以养马为生。虽然生活过得并不特别富裕，可是一家人相亲相爱，自有一番乐趣。

有一天，塞翁忽然发现马群中少了一匹马。他的邻居听说了这件事，都跑来安慰他。有的人说："丢一匹马算不了什么，老人家，您还有这么多马呢。"

还有的人劝说道："老人家，您的岁数已经不小了，千万别为了一匹马而损伤自己的身体，一定要想开些呀！"

塞翁看到左邻右舍都这么关心自己，心中非常感激，就对邻居们拱拱手，笑了笑说："谢谢大家的安慰，走失了一匹马不算什么，损失不大，说不定还能带来福气呢！"

大家听了塞翁的话，非常不理解，心想：马都丢了，明摆着是倒霉的事，大家劝他不要着急，他能不急已经不容易了，竟然还说会有福，真是不可理喻。转念一想，也许是他自己宽慰自己吧！

过了好多天，大家已经淡忘了这件事。令人意想不到的是，塞翁家里走丢的那匹马不仅自己跑回来了，而且还带回了一匹匈奴那边的好马。

邻居们听说之后，又都赶来祝贺。有的人说："您老人家的运气真好呀！"

有的人赞叹说："您老人家就像神仙一样，料事如神呀！不但丢失的马回来了，还给您带回来一匹这么好的骏马。"

　　大家七嘴八舌地说着祝贺的话，越说越开心。但是奇怪的是，塞翁听了左邻右舍的祝贺，却怎么也高兴不起来。他心怀忧虑地说："无缘无故多得了一匹骏马，不一定是好事情呀，说不准还会带来什么祸患呢！"

　　大家觉得塞翁这是故意做做样子，明明心里高兴极了，却故意这么说。不过又转念一想，平日里的塞翁并不是那种狡诈的人，但是塞翁这种姿态，又说出这一番话来，更是令人无法理解。

　　塞翁只有一个儿子，自幼就特别喜欢骑马。他发现被带回来的那匹匈奴马体态匀称，腿健腰细，嘶声嘹亮，精神抖擞，一看便知是一匹好马，他更是欢喜得不得了，几乎每天都要骑出去跑上几圈。

　　那天，他骑在马上非常得意，便快马加鞭地奔跑起来，可是一不留神竟然从马背上摔了下来，把腿摔断了，幸运的是命保住了。

　　左邻右舍听说塞翁的儿子骑马出事了，就又来宽慰他。一番劝慰的话说过之后，塞翁捋了捋胡须，一副轻松的样子，说道："没什么大不了的，虽然腿摔断了，总归性命是保住了，这也有可能是福气呀。"

　　接连发生了几件事，塞翁都有自己的一套说法。左邻右舍感到他说得好像有那么点儿道理，可是想不通的是：把腿摔断了怎么还会是福气了呢？

　　不久，境外虎视眈眈的匈奴悍然来袭，边塞城镇的青年壮丁全都被征召入伍。但是征兵的人来到塞翁家里，看到他的儿子腿断了，便放弃了对他的征召。谁都知道，没人会要一个断了腿的士兵。

　　那场仗打得异常激烈，大部分人都死在了战场上，而塞翁的儿子因为断了腿，并没有上战场，反而保住了性命。

làn yú chōng shù
滥竽充数

引言： 一个人如果没有真本事，只靠弄虚作假、装装样子，要是别人不了解真相，还能够蒙混过关，但是弄虚作假根本经不起推敲，时间长了，终究会真相大白。

注 解

1. 滥：失实，与真实情况不相符合。

2. 竽：古时候的一种乐器。

3. 充：冒充。

4. 数：数量，数目。

5. 滥竽充数：原是说不会吹竽的人躲在吹竽的队伍里冒充人数。形容没有真本事的人，混在懂行的人群里凑数；也形容用不好的东西混入好的东西里面，以次充好。

出 处

战国末期，韩非子所著《韩非子·内储说上》：

"齐宣王使人吹竽，必三百人。南郭处士请为王吹竽，宣王说之，廪食以数百人。宣王死，湣王立，好一一听之，处士逃。"

A. 练一练

一、给下面的字选择正确的读音。

滥（jiān　làn）　　竽（yú　gān）

充（chōng　yú）　　数（shù　lóu）

二、识字形。

1. "滥"的偏旁是（　　　），它的结构是（　　　）。

2. "竽"的偏旁是（　　　），它的结构是（　　　）。

3. "数"的偏旁是（　　　），它的结构是（　　　）。

B. 延伸阅读

滥竽充数

古时候，齐国的国主齐宣王喜欢寻欢作乐，对于乐器更是着迷，尤其是对"竽"情有独钟。他特别喜欢听用竽吹出的曲子，并且他有些特别，总爱让很多善于吹竽的乐

工一起吹奏，而且人越多越好。

　　所以，齐宣王下旨大量招揽吹竽的乐工，最终命人组建起了庞大的吹竽乐队，有三百多人。他喜欢热闹，总爱铺张，想在人前显示自己的威严。于是他每次听乐工吹竽，都要命令三百人一起在朝廷内吹奏乐曲。

　　齐国有个南郭先生，平日里游手好闲、好吃懒做。他听说齐宣王正在招纳吹竽的乐工，而且待遇还非常好，便

想方设法地要混入这个吹竽的队伍。

南郭先生丝毫不懂吹竽，不过他根本不担心，因为他听说齐宣王每次都是让所有的乐工一起吹奏。他想，只要能混入乐队，吹奏乐曲的时候，他只要在吹竽队伍里充人数、装样子就行了，肯定没人能察觉出来。

于是，他拜见齐宣王，对齐宣王说："大王，我吹竽吹得特别好，不管是谁，只要听到我的竽声，肯定会被感动的，即使是鸟兽听到了也会轻盈曼舞，花草更是和着我吹出的节奏摇摆，我很期待能为大王演奏。"

齐宣王听他说完，非常高兴，也没有考察他到底有没有真本事，便让他到乐队报到，进入那支有着三百人的乐队里去了。

从那之后，南郭先生就跟随三百名乐工一起合奏乐曲给齐宣王听，他和众人享受着同样优厚的待遇。为此，他得意扬扬。

每到吹奏乐曲的时候，南郭先生双手捧着竽混在队伍里，人家摇头晃脑，他也跟着摇头晃脑，人家晃动身体，他也跟着摇晃身体，装出一副自我陶醉的样子，吹得有模有样。看起来，他倒像是精于此道似的。

就这样，南郭先生靠着蒙骗在乐队里混了一年又一年，白白拿了好多年的薪水。

几年后，齐宣王去世了，他的儿子登基做了齐国国君，世人称之为齐湣王。

齐湣王和他的父王一样，也是非常喜欢听竽吹奏出来的乐曲，不过他和齐宣王有些不同，他觉得三百人一起吹奏实在是太过吵闹，反而觉得竽独奏出来的乐曲听来婉转悠扬、心旷神怡。于是，他颁布了一道命令，要三百个乐师认真练习，精心准备，齐湣王要他们单个轮流吹竽给他听。

乐工们接到命令之后，都忙着练习，准备在齐湣王面前大显身手，这可急坏了不懂吹竽的南郭先生。他非常后悔自己混吃混喝了这么多年，竟然一点儿都没有学习吹竽的本事。如果真要他到大王面前吹竽，他肯定会露出破绽，那么他就有了性命之忧。他思来想去，觉得这次肯定不会那么幸运了，便急忙收拾东西，连夜逃跑了。

tiě chǔ chéng zhēn
铁杵成针

引言：即使是天赋再高的人，他学习或者做事也不一定就一帆风顺。不过只要肯下苦功夫，有毅力，保持平和的心态，坚持学习，坚持做，最终一定能够获得成功。

注 解

1. 杵：舂米或者捣东西用的棒槌。

2. 铁杵成针：原意是指把铁棒磨制成绣花针。形容只要有毅力、有恒心，就算再大的困难也能够解决。

出 处

明朝，郑之珍所著《目连救母·四·刘氏斋尼》："好似铁杵磨针，心坚杵有成针日。"

A. 练一练

一. 给下面的字选择正确的读音。

铁（tě tiě）　　　杵（gān chǔ）

成（chéng chén）　　针（zhēn zhèng）

二. 识字形。

1. "铁"的偏旁是（　　），它的结构是（　　）。

2. "杵"的偏旁是（　　），它的结构是（　　）。

3. "针"的偏旁是（　　），它的结构是（　　）。

B. 延伸阅读

铁杵成针

　　唐朝著名的诗人李白，字太白，号青莲居士，又号"谪仙人"。他是盛唐时期伟大的浪漫主义诗人，后人称他为"诗仙"。他祖籍在陇西郡成纪县（就是今天的甘肃省天水市），出生在中亚地区的碎叶（如今的巴尔喀什湖南部的楚河附近）。到了五岁那年，他便跟随父亲迁居到了蜀郡的绵州昌隆县（今天的四川省江油市的青莲乡），并且那时候开始识字、读书。

　　小时候的李白虽然天资聪颖，但是因为他的父亲是一个富商，家里非常富裕，所以读书并不用功，总是贪玩儿。他读书时遇到难懂的地方便放下书本，跑到外面去玩耍。

　　一天，他书读了没几页，就又遇到不懂的地方了，他心烦意乱，索性把书本一丢，偷偷溜到外边玩耍去了。当他

走过一条小河的时候，遇到一个老婆婆正在一块大石头上认真地磨着一根大铁棒。李白很好奇，就走上前去问："老婆婆，您这是在干什么呢？磨这根铁棒有什么用吗？"

老婆婆抬起头来看了看李白，回答说："孩子，我打算把它磨成一根用来缝衣服的绣花针。"

李白感到特别惊奇，说："就算是一般的铁棍，想要磨成细小的绣花针，都是很难的事情，更何况您找来的铁棒这么粗，就算是我这样的青年人，恐怕是磨上一辈子也不可能把它磨成细小的针呢！"

老婆婆笑眯眯地对李白说："孩子，你有所不知，我手里的这根铁棒是我家唯一的一根，我年轻的时候一直没用过它，就是为了留下来打磨用的。本来我打算把它作为厨房里做饭用的烧火棍，如今正好用来磨成针。而且我也不担心耗费我的时间，也不存在那种到头来白忙活一场的杂念。我想的是只要活着一天，我就要坚持一天。我天天磨，它肯定会一天比一天细的，相信终有一天，它会成为绣花针的。"

李白听了老婆婆这一番话后，很有感触。他想到自己平日里读书一遇到难处便放弃了。今后他只要持之以恒，再加上刻苦努力，再困难的事情也能解决。像老婆婆一把年纪了都有信心去做看上去不可能完成的事情，他怎么能因为一时的困难，就随随便便地放弃呢，他所追求的理想怎么能实现呢？

因此，他马上返回家中，捡起被他丢在地上的书本，认真地读起来。从那以后，他只要有偷懒的念头，便想起当初那个老婆婆在石头上磨铁棒时说的话。

一年后，李白又来到那条河边，专程去找那位老婆婆，感谢她对自己的指点，同时他还看到老婆婆手里的铁棒真的是比去年细了很多。

到了后来，李白通过刻苦努力，写下了许多流芳百世的诗作，成为我国历史上伟大的诗人。

bá miáo zhù zhǎng
拔苗助长

引言：客观事物的发展都有着一定的客观规律，我们不能单凭自己的主观臆断去做，就算是好的愿望和动机，也必须遵循客观规律，否则便会适得其反。

注 解

1. 拔：拔起。

2. 拔苗助长：把禾苗拔出一点儿来，帮助它生长。形容不按事物发展的规律办事，强求速成，不假思考，结果把事情弄糟糕了。

出 处

战国时期，孟轲所著《孟子·公孙丑上》："宋人有闵其苗之不长而揠之者，芒芒然归，谓其人曰：'今日病矣！予助苗长矣！'其子趋而往视之，苗则槁矣。"

A. 练一练

一．给下面的字选择正确的读音。

拔（bō　bá）　　　　苗（máo　miáo）

助（zhù　zù）　　　　成长（zhǎng　chǎng）

二．识字形。

1. "拔"的偏旁是（　　　），它的结构是（　　　）。

2. "苗"的偏旁是（　　　），它的结构是（　　　）。

3. "助"的偏旁是（　　　），它的结构是（　　　）。

B. 延伸阅读

拔苗助长

古时候，宋国有一个农夫，他家中的田地都是由家人耕种，而他整日好吃懒做、游手好闲。时间久了，家人也不与他计较，他自己却总爱对家人干的活指手画脚，有时说收成太少，有时认为作物种植时间不当，经常在邻里乡间闹笑话。

那年的春末夏初，又到了插秧种植的季节。大家都在田里忙碌着，他觉得无聊便跟着去了。他一会儿嫌儿子插

秧太慢，不如邻居；一会儿又说秧苗插得太深，不利于禾苗生长。家人知道他对这些一无所知，又是个急性子，现在正是忙碌的时候，根本没空搭理他，没多久他便觉得无聊，径直回家去了。

回到家中，他的心里便有了一桩心事。他刚才在田头上发现自家田里的禾苗和邻居家的一样高，有什么办法让它们比别人家的高呢？

于是，他每天都到田里去看。他伸出手指量了量秧苗的高度，发现没有长高。他又看向邻居家的田地，貌似也

是一样高，便回家去了。

第三天，第四天……连着好几天，他都到田边察看，发现秧苗总是那么高，好像没有长似的。再一看邻居家的田里，好像比自己家的更高一些。

这时他忍不住着急起来，自言自语地说："到底怎样才能让秧苗长快点儿、长高点儿呢？我得想个好办法才行啊！"

他边想边往回走，吃饭想，睡觉也想。想了好长时间，这天他灵机一动，终于想出了一个好主意："只要我把秧苗往高处拔一点儿，那秧苗就会长高一大截吧？对，我这就去拔苗。"

说做就做，他赶紧跑到田边，亲自动手把一棵一棵的秧苗往高处拔。中午他就去了，一直到西边的太阳最后那一抹红消失，他才干完，拖着发抖的双腿摇摇晃晃地往家走。

刚进家门，他便一屁股坐在了椅子上，边捶着腰，边自鸣得意地把今天干的事情讲给儿子听："今天，我可干了一件大事！"

他的儿子急忙问道："爹，您做了什么大事？怎么累成这样？"

那人说："今天，我帮咱家的秧苗长了一大截！"

他儿子感到纳闷，心中疑惑，便跑到田边一瞧，这下完了，田里的秧苗已经都枯死了。

wáng yáng bǔ láo
亡羊补牢

引言：人不怕做错事，但是怕就怕做了错事还不能及时改正；更可怕的是没有改正，反而不断错上加错，时间一长，结果可能连挽回的余地都没有了。

注 解

1. 亡：丢失，逃亡。

2. 牢：用来关牲口的圈。

3. 亡羊补牢：原意是指丢失了羊，再去修补羊圈，总是不算晚。形容遇到问题之后，想办法及时补救，防止出现更大的损失。也形容出了问题再想办法补救，为时已晚。

出 处

《战国策·楚策》："见兔而顾犬，未为晚也；亡羊而补牢，未为迟也。"

A. 练一练

一、给下面的字组词。

亡（　　　） 羊（　　　） 补（　　　） 牢（　　　）

二、识字形。

1. "补"的偏旁是（　　　），它的结构是（　　　）。

2. "牢"的偏旁是（　　　），它的结构是（　　　）。

B. 延伸阅读

亡羊补牢

战国末年，楚国已经从强盛转向衰落。尤其是到了楚襄王登基为王以后，他宠信奸臣子兰，任命他为令尹，而自己不理朝政，整天躲在深宫内把酒言欢，酒色不离左右。

子兰管理朝政以后，重用奸臣贼子，打压贤臣。朝纲受损殆尽，国土受到邻国蚕食，国中百姓生活在水深火热之中，叫苦不迭。

大臣庄辛心中非常焦虑，为了国家社稷的安危，他径直闯入楚襄王后宫，向楚襄王进谏："大王，您沉迷于酒色，却把国家大事丢弃一旁。如今子兰把持朝政，为所欲为，排除异己，陷害良臣，要是这么下去，我们的国家迟早会灭亡啊！"

楚襄王正和宫中后妃们饮酒作乐，庄辛闯入后宫，他已经大感不快。现在又遭到了他的大声斥责，心里马上升起一团怒火，他高声痛骂："你个老东西，真是罪该万死！你真是老糊涂了，我们楚国风平浪静、和泰安康，你凭什么说出这大逆不道的话来，你没见本王正在忙着吗？

还不赶紧滚出去！"

　　庄辛见楚襄王并不醒悟，便回家去了。他想到自己这么大年纪了，本是一片忠君爱国赤子之心，如今闯宫进谏却遭到楚襄王的一顿辱骂，心情低落，心痛不已。一气之下，他再次进宫觐见楚襄王，说："臣已老迈，实在无力继续为国操劳，就请大王同意我到赵国去居住吧。"

　　庄辛离开楚国不久，秦王便派遣大军攻打楚国，直扑楚国都城——郢。秦军将士勇猛，杀得楚军抱头鼠窜。很快秦军便攻破了楚国都城，楚襄王仓皇逃走，一直逃到阳城才脱离危险。他在阳城逐渐冷静下来，才想起庄辛闯进宫内劝谏的话，追悔莫及。他非常后悔自己以前的所作所为，于是马上派人到赵国把庄辛接了回来。

　　楚襄王见到庄辛，诚恳地说："当初我不听你的话，竟然把国家败落到如此田地，这令人很痛心。事到如今，我到底该怎么做才能挽回现在的局面呢？还请爱卿给我想个办法。"

　　庄辛感到楚襄王是诚心实意地请教自己，就说："大王，我给您讲个故事吧。以前，有个人养了一圈的羊。有一天早上，他发现羊群里少了一只羊，仔细检查了一番，发现羊圈破了一个大洞，原来是狼在夜里钻进羊圈，把羊叼去了。他的邻居好心劝他说：'你应该尽快修补羊圈，

堵上那个洞，要不然你的羊会越丢越多。'可是这个养羊的人却说：'反正羊已经丢了，还修什么圈呀！'谁知到了第二天早上，他发现羊圈里的羊又丢了一只，原来狼又从洞口钻进羊圈，叼走了羊。这时他想起了邻居们的劝告，于是马上动手修补羊圈。从那以后，他的羊再也没有丢过。大王，如今我们应当打起精神，总结经验和教训，重新振作，改正错误，收复国土。"

　　楚襄王听了庄辛的话，觉得非常有道理。以后他便依照庄辛的建议，一改当初的做派，重新树立信心，果然振兴了楚国。

hán dān xué bù
邯郸学步

引言：每当看到别人的长处，我们就想学习。但是有时候我们曲解了学习的意思，变成盲目地模仿，这样做不但学不到别人的长处，反而会丧失了自我。

注 解

1. 邯郸：战国时期赵国的都城。

2. 学步：学习走路。

3. 邯郸学步：本义是指学邯郸人走路的样子。形容模仿别人的方法不对，或者生搬硬套别人的那些方法，反而把自己原来的本领给忘了。

出 处

战国时期，庄周著《庄子·秋水》："子往呼！且子独不闻夫寿陵余子之学行于邯郸与？未得国能，又失其故行矣，直匍匐而归耳。今子不去，将忘子之故，失子之业。"

A. 练一练

一、给下面的字选择正确的读音。

邯（hán gán） 郸（dān chān） 步（bā bù）

二、识字形。

1. "邯"的偏旁是（　　　），它的结构是（　　　）。

2. "郸"的偏旁是（　　　），它的结构是（　　　）。

3. "步"的偏旁是（　　　），它的结构是（　　　）。

B. 延伸阅读

邯郸学步

在两千多年前的战国时期，燕国的寿陵有一个少年，历史上并没有记录这个人的名字，我们就称他为寿陵少年吧！平日里，他并无忧愁，既不用担心吃喝，又不用操心穿着，可以说是衣食无忧，长得虽说算不上一表人才，但是也不差。不过他总是缺乏自信，经常觉得事事不如人，好像比别人低一等。他拿人家穿的衣服和自己一比，还是人家的更好看；人家站在那里或者坐在那里，他也觉得人家的形象高贵典雅，自己根本比不上。总之他觉得，自己这儿不如别人，那儿也比别人差。他还在读四书五经，知道不如别人就应当好好学习。于是他见到什么好的，就去学，可是这样还没学到家，便又觉得那样也不错，所以丢了这样又学那样，花样不断翻新，却总是做不好，更不清楚自己该干什么。

　　家人都劝他改掉这个毛病，他还斥责家人，认为家人阻挡了他进步。天长日久，他竟然觉得自己走路的样子也

不对了，而且走路姿势并不好看。

后来有一次，他在街上闲逛，看见有几个人有说有笑的，他们在说赵国的都城邯郸，那里的人走路非常优美，步法巧妙，姿势端庄，非常好看。他心想，这不正好可以学习一番，纠正自己的走路姿势吗？想到这里，他便赶紧走上前去打听。可是那几个人一见是他，竟然没有一个作答的，反而哈哈大笑起来，然后没再理他就扬长而去了。

邯郸人到底怎么走路的？走起路来是怎样的？这个问题反复出现在他的脑海里，几乎成了他的心病。

他终于忍不住自己的好奇心，便不顾路途遥远，特地跑到邯郸去学习那里人走路的步法。

他到了邯郸，看到那里的人走路的确和寿陵的人不同，而且要比寿陵的人走路的姿势好看多了。他感到新鲜，眼花缭乱。

遇到小孩子蹦蹦跳跳地走路，他感到活泼、可爱，想学；遇见老人迈着方步、气定神闲地走路，他感到稳重、有气势，想学；遇到妇女婀娜多姿、摇摆着走路，他也想学。刚开始他先看人家怎么走的，然后回到住处凭着记忆学着走。但是他感到这样太麻烦而且容易忘，索性跟在人家身后模仿。可不知道什么原因，他就是学不像。

他想来想去，最后认为是自己习惯了原来走路的方法，无法学习新的方法。因此他要忘记自己原来走路的方法，重新开始，完全仿照着邯郸人的方法走路。

这次更糟糕了，他学走路的时候，需要考虑的东西太多了：手脚要怎样移动，上身又得如何摆动，每一步两脚之间的距离多大，身体和手脚摆动的幅度多大，等等。最后，他是每走一步便十分紧张，累得满头大汗。

他学了一段时间，已经疲惫不堪了。连着好多天都没有学会，就连自己原来走路时的方法也不记得了，身上的钱也都用光了，他只得爬着回寿陵去了。

yè láng zì dà
夜郎自大

引言： 人见的世面和明白的事理越少，目光就会越短浅，就很容易自以为是、不知天高地厚，这也会令人排斥，成为不受欢迎的人。我们应当多读书增长见识，丰富自己的头脑，善于和别人交流，接受比自己更出色的人。

注 解

1. 夜郎：汉代西南部的一个小国，在今天贵州省的西北部。

2. 夜郎自大：形容妄自尊大，盲目地觉得自己非常了不起。

出 处

汉代，班固著《汉书·西南夷列传》："滇王与汉使者言曰：'汉孰与我大？'及夜郎侯亦然。以道不通，故各以为一州主，不知汉广大。"

A. 练一练

一、给下面的字组词。

夜（　　　） 郎（　　　） 自（　　　）

二、识字形。

1. "夜"的偏旁是（　　　），它的结构是（　　　）。

2. "郎"的偏旁是（　　　），它的结构是（　　　）。

B. 延伸阅读

夜郎自大

西汉汉武帝在位时，我国的西南地区有很多小国家，其中有一个夜郎国。这个国家的国土面积很小，人口也特别少，东西更是少得可怜。不过，和它周围的几个小国相比，它是最大的一个国家了。

夜郎国的皇帝一直居住在自己的国家里，他只知道夜郎国比附近的几个国家大，却不知道在这个世界上还有比夜郎国大得多的国家。所以，他更不可能知道有一个强大无比的汉朝存在。

　　有一次，夜郎国的皇帝率领着部下，骑着高头大马，在自己国家里巡查探访。当他们走到一片开阔又平坦的土地上时，他把鞭子一挥，指着前方对部下们说："大家看，我们国家的国土是多么辽阔，与其他国家相比，我们夜郎国是最大的国家。"跟随他一起来的人都非常清楚他们的国王是个怎样的人，明白只要在他面前顺着他的话说好听的，他就高兴。于是有人谄媚地说："陛下说得没有错，我们夜郎国在世界上拥有着最广阔的土地，全天下再

也没有比我们夜郎国更大的国家了。"

夜郎国的皇帝听了部下的话，心情舒畅，便得意扬扬地骑马率领着大家继续巡查他的国土。

他们又来到一座大山脚下，夜郎国的皇帝仰起头，又挥动鞭子一指大山，对部下们说："爱卿们，快看，这是我们夜郎国最高大雄伟的山峰，相信世界上也没有比它更高大的山峰了。"

那些随从们又都拍马屁说："大王说得对，我们夜郎国的高山是全天下最高的，世界上再也没有比我们国家的高山更高的山峰了。"

夜郎国的皇帝听到了，骄傲得就像一只公鸡似的，昂首挺胸地骑在大马上，继续前进。

他们走到一条大河边，停住了脚步。夜郎国的皇帝又是挥动鞭子指向面前的河水，说："我们夜郎国的河流奔腾不息，你们瞧，这条河多么长、多么宽呢，世界上恐怕再也找不到比这条河更宽、更长的河流了吧？"

跟随他的人已经习惯了拍他马屁，因此有人上前说："那是当然了，我们夜郎国的河流是天底下最长、最宽的河流，我们夜郎国的一切都是最棒的，是世界第一！没有哪个国家能与我们夜郎国相比。"

夜郎国的皇帝听了之后，更是得意极了。

从此以后，夜郎国的皇帝更加瞧不起周围的国家了。

这一年，汉朝皇帝派人出访夜郎国。在经过与夜郎国相邻的滇国时，滇国的皇帝傲慢地问汉朝的使节："你们汉朝与我们滇国相比，哪个更大一些？"汉朝的使节听了非常惊讶，心想：滇国还没有汉朝一个州县大，这个国家的皇帝怎么如此不知天高地厚，真是太自以为是了。

当汉朝使节到达夜郎国的时候，让他意想不到的是，夜郎国的皇帝更加目中无人，无知得太离谱了。只听夜郎国的皇帝轻哼一声，问道："你们汉朝可有我们国家大吗？"

夜郎国的皇帝原本以为汉朝的使节会说："我们的国家哪有夜郎国大，夜郎国是我到过的最大的国家。"

可是没想到，他的话刚说完，汉朝使节便哈哈大笑起来。

夜郎国的皇帝非常惊奇，便问汉朝使节："你为什么笑呀？"

汉朝使节说："我们汉朝光州县就有几十个，而夜郎国顶多有我们的一个县那么大，与我们汉朝相比，你们夜郎国可是相差太远了。"

夜郎国的皇帝竟然这么无知，这让汉朝使节哭笑不得。

gāo shān liú shuǐ
高山流水

引言： 人生在世，知心朋友不多，许多所谓的友谊都或多或少地掺杂着勉强。所谓知音难求，我们要珍惜当下仅有的友谊，抓住这仅存的友情。

注解

高山流水：形容知音难求，也形容乐曲高妙。

出处

战国时期，列子著《列子·汤问》："伯牙鼓琴，志在高山，钟子期曰：'善哉，峨峨分若泰山。'志在流水，曰：'善哉，洋洋分若江河。'"

A. 练一练

一、给下面的字组词。

高（　　　）山（　　　）流（　　　）水（　　　）

125

二、识字形。

1. "高"的偏旁是（   ），它的结构是（   ）。

2. "流"的偏旁是（   ），它的结构是（   ）。

13. 延伸阅读

高山流水

春秋时期，楚国有位著名的琴师叫俞伯牙，他曾经跟随著名的音乐家成连先生学习琴艺。学成之后，俞伯牙到各处游历。有一次中秋节，他乘船游赏汉阳，江上突然刮起大风，船便停泊在了一座小山下。

到了晚上，俞伯牙望着夜空中的明月，琴兴大发。他取出随身携带的琴，全神贯注地弹奏起来。他弹完一曲又一曲，就在他沉迷于自己弹奏出来的悠扬琴声中时，猛然发现岸边有一个人站在那儿一动不动。伯牙十分惊奇，手下稍有些用力，"啪"的一声，一根琴弦拨断了。伯牙正在揣测那人来江边的目的，就听见那人大声喊："先生，您不用害怕，我只是一个樵夫，刚从山上打柴回来，路过这里，正好听见您在此弹琴，感到您弹出的琴曲优美动听，便禁不住停在这里听了起来。"

借着月光，伯牙端详着岸上的人，他的旁边果真放着一根担子，担子两头各有一捆干柴，看来他真的是樵夫。因此他便问道："既然你能听得懂我的琴声，那请你说说看，我刚才弹的是一首什么曲子？"听到伯牙的问话，那樵夫微笑着回答："先生，刚才您正在弹孔子赞扬弟子颜回的乐曲，可惜的是，您还没弹完，琴弦就断了。"

樵夫说得一点儿都没错，伯牙大吃一惊，欣喜不已，急忙亲自上岸邀请他上船详谈。那樵夫走上船，瞧了瞧伯牙的琴，说："这就是瑶琴呢！传说是伏羲氏制造的。"

然后他把瑶琴的来历讲给伯牙听。伯牙听到樵夫这一番讲述，心中油然升起一股佩服之情。他邀请樵夫坐在一旁听自己弹奏琴曲，并希望他能辨识出琴声中的意思。当他弹奏到高亢雄壮的声音时，樵夫说："这是雄伟的高山。"而当琴声转为清脆流畅的节奏时，他又说道："这是潺潺的流水。"

伯牙听樵夫说出这话，十分惊喜，在这荒野之地竟然遇到了久久未能寻到的知音。樵夫名叫钟子期，二人一起喝酒，相谈甚欢，真是相见恨晚。他们相约，来年中秋再到一起相聚。

俞伯牙与钟子期挥泪离别之后，很快就到了第二年的中秋，伯牙按照他们的约定又来到汉阳江口。但是他等了很久，也没有见到钟子期赴约。

第二天一早，伯牙便到处打听钟子期的住处。这时他遇到一位老人，那老人告诉俞伯牙，前不久钟子期已经染病去世了。钟子期临终时，曾留下遗言，要人把他埋在江边，因为他要在八月十五的时候听伯牙弹琴。

伯牙听完老人的话，悲痛万分。他跌跌撞撞地赶到钟子期的坟墓前，弹奏起当年相识时弹奏的《高山流水》。曲罢，他把琴弦挑断，长叹一声，便把心爱的瑶琴重重地摔碎在青石上。他难过地说："钟子期是我唯一的知音，如今他已经离开人世，我弹琴还有谁能听得懂啊？"

nán yuán běi zhé
南辕北辙

引言：我们不管干什么事情，都要看准方向，充分发挥出自己的优势，要是方向找错了，优势反而会成为劣势。

注解

1. 辕：大车前面套在牲口身体两边的木头，用来拖车。

2. 辙：车辆行驶过去，留下来的痕迹。

3. 南辕北辙：指本想朝南走，但是驾车朝北行去，反而离目的地越来越远了。形容行动与目的恰恰相反。

出处

战国时期，刘向著《战国策·魏策四》："犹至楚而北行也。"

一、给下面的字选择正确的读音。

辕（yuān　yuán）　辙（zhé　chè）

二、识字形。

1. "辕"的偏旁是（　　　），它的结构是（　　　）。

2. "辙"的偏旁是（　　　），它的结构是（　　　）。

南辕北辙

战国末期，魏王想攻打赵国。大臣季梁当时正奉命出使邻国，听到这个消息之后，便急忙赶回魏国。

他回国后连家都没回便立刻进宫找魏王。魏王惊奇地问："爱卿，你怎么这么快就回来了？有什么急事吗？"

季梁回答："我今天看到有一个人坐着车往北行驶，他是要到楚国去，可楚国在南方，他认为他的马跑得快，所以走错方向也无所谓。我提醒他，楚国在南方。他却说自己带够了盘缠。最后我告诉他：'盘缠再多，也到不了楚国。'可那个人却觉得车夫是个老手，一切都没有问题。"季梁说到这里，话锋一转，说："大王，你想要在这个时候攻打赵国，就如同是赶车去楚国的那个人一样。"

魏王听季梁说完这席话后，沉默不语，他深切感受到季梁说的句句在理，最终放弃了讨伐赵国的打算。

jī míng gǒu dào
鸡鸣狗盗

引言：有些人看似有着微不足道的本领，但是关键时刻往往能发挥出重要的作用。我们要学会善于运用别人的长处，不能小瞧别人。

注 解

1. 鸣：叫，叫声。

2. 鸡鸣狗盗：原意是指学鸡鸣叫，学狗的偷盗行为。形容低贱卑下不正当的行为。也形容偷偷摸摸的伎俩。

出 处

西汉，司马迁著《史记·孟尝君列传》："齐孟尝君出使秦被昭王扣留，孟一食客装狗钻入秦营偷出狐白裘献给昭王妾以说情放孟。孟逃至函谷关时昭王又令追捕。另一食客装鸡叫引众鸡齐鸣骗开城门，孟得以逃回齐。"

A.练一练

一、给下面的字组词。

鸡（　　　）　鸣（　　　）　狗（　　　）　盗（　　　）

二、识字形。

1. "鸡"的偏旁是（　　　），它的结构是（　　　）。

2. "鸣"的偏旁是（　　　），它的结构是（　　　）。

3. "狗"的偏旁是（　　　），它的结构是（　　　）。

4. "盗"的偏旁是（　　　），它的结构是（　　　）。

B.延伸阅读

鸡鸣狗盗

　　齐国的孟尝君到秦国游玩，将一件珍贵的白狐皮袍献给了秦王。秦王早就听说孟尝君非常有才，打算拜孟尝君为相。秦国的大臣听说后，集体反对。他们认为孟尝君是齐国人，如果将来有一天齐国和秦国打起来，他必定会先考虑齐国的利益。秦王听了，觉得有道理，立刻下令软禁孟尝君，打算杀掉他，以除后患。

　　孟尝君派出手下向秦王的宠妃求救，可宠妃却想要白狐皮袍。与孟尝君一起出游的门客里，有一个人能装成狗，钻入狗洞偷东西。于是他装成狗，将白狐皮袍偷了出来，献给宠妃。宠妃果然信守承诺，第二天便说服秦王放了孟尝君。

　　孟尝君被释放之后，害怕秦王反悔，所以连夜带领门客骑上骏马朝齐国飞奔而去。按照秦国的规定，只有鸡鸣叫之后，才能打开城门放人通行。

　　这时候，孟尝君手下的一个会学鸡叫的门客学起了公鸡打鸣，守城的士兵听到鸡叫，便马上打开城门，就这样孟尝君带着他的门客们一起逃出了秦国。